VIEWPOINT AND CONCEPT OF SOCIAL WELFARE

社会福祉の見方・考え方

吉田明弘

八千代出版

はじめに

作家の小田実は、理想とする日本や世界のあり方について、サラダに例えてこういう。

サラダ日本、サラダ世界に自分の未来をおきたい。サラダ日本、サラダ世界の根本にあるのは、レタス、トマト、ハム、タマゴがそれぞれに武力をもたないこと、問題解決を武力、暴力で行わないこと——平和主義だ。この平和主義がまず底にあって、その上にそれぞれが対等、平等、自由に自らのおいしさを出せる。それを保証し得る政治的手だてとして民主主義、自由がある。

（鶴見俊輔・小田実『手放せない記憶―私が考える場所―』編集グループSURE、二〇〇七年）

サラダ日本、サラダ世界は、戦後の日本がめざしてきたものだ。

それは、日本国憲法に明確に示されている。

国民の健康で文化的な生活を権利として認め（第二五条）、国の交戦権の放棄（第九条）をもとに、国民の平和的生存権（前文）を公的責任において保障するところに戦後政治の起点があった。

その実現のために採られた政策の要が「福祉国家」の建設である。これは、国民生活の安定を公助によって行い、その上で自助や共助を位置づけるものだ。社会福祉増進の第一義的責任を「公」が担うことを前提としている。自助や共助をやみくもに求めたり、社会福祉に市場を活用するような現在の政策とは対照的といえよう。

原点に立ち返って考えると、「自助の前提条件としての公助」（里見賢治）でなければならないのである。公助の大幅な後退を許してしまった責任を、社会福祉関係者の一人として痛感している。

経済評論家の内橋克人は、わが国において、バブル崩壊後の不況が経済恐慌そしてその果ての戦争に向かわなかった理由は、経済の軍需化を憲法第九条と第二五条が防いだから（佐高信・内橋克人編『城山三郎命の旅』講談社、二〇〇七年）だと指摘する。

この意見に基づくならば、福祉国家の前提である平和な社会をこれまで維持できたのは憲法のおかげといっても過言ではない。近年、改憲が叫ばれているが、その議論は慎重であるべきだ。

一九八〇年代の中曽根政権下で官房長官を務めた元副総理・後藤田正晴は、「憲法前文にある平和主義、民主主義、国際主義、基本的人権など憲法の基礎的な価値は年月を経ても変わるものではない。だから『憲法施行後、五〇年経ったから見直せ』という議論に与するつもりはありません」(『後藤田正晴語り遺したいこと』岩波ブックレットNo.667、二〇〇五年）と断言したが、戦争経験を持つ保守政治家の意見として、真摯に耳を傾けなければならないだろう。

本書は、社会福祉についての断片的な解説書であると同時に、現実社会に生起する社会福祉課題の見方・考え方を示唆する内容となっている。

保育士や社会福祉士・介護福祉士をめざす人、さらには社会福祉に関心を持つ学生に読まれ、自己の社会福祉観の形成に役立ててほしい。

拙い内容であるにもかかわらず、出版の機会を与えていただいた八千代出版の森口恵美子社長に、感謝申し上げたい。

二〇一八年三月

吉田明弘

目次

第1章 社会福祉の理念と体系

第1節　社会福祉とは何か

1　福祉の意味

いまでは、すっかり定着した「福祉」という言葉だが、その意味を問われると多くの人は回答に詰まる。

インターネットで、「福祉に対するイメージ」を検索すると、「ボランティア活動」「介護」「弱者のためのもの」「優しさ」「他者に対する思いやり」などがヒットする。これらは、必ずしも的外れではないものの、正確に福祉の意味をとらえているとはいい難い。

そこで、「福祉」という言葉を国語辞典で引いてみると、「幸福」と記述されている。また漢和辞典には、「福」「祉」ともによい状態、望ましい状態をあらわす文字だと説明してある。ここからわかるように、福祉＝望ましい状態で、幸福に生活できることを意味する。

福祉は英語でwelfare（ウェルフェア）という。これはwell（快い、健全）とfare（暮らす）の合成語で、快い暮らし、健全な暮らしをさす。安寧な生活を求めない人は皆無であろう。そのような意味で、「福祉」の実現は人類全体に共通する課題といえる。

welfareに似た言葉に、well-being（ウェルビーイング）がある。これは、世界保健機構（WHO）が健康を定義する際に用いたもので、人権や自己実現の機会が保障され、心身ともに良好な状態をさす。これをふまえると、ウェルフェアの実現は、ウェルビーイングを前提にしなければならない。

2　なぜ社会福祉なのか？

社会福祉法人、社会福祉協議会、社会福祉士、社会福祉学というように、福祉には、必ずその冠に「社会」という言葉がついている。どうしてだろう？

その理由は、資本制社会においては、幸福な生活は個人の努力だけでは達成が難しく、社会的な保障を必要とするからだ。社会福祉の「社会」は、社会的保障をさす。

資本制社会とは、生産手段を所有する資本家（ブルジョアジー）と自己の労働力を唯一の資本とする労働者（プロレタリアート）とから成る社会である。労働者の生活は資本家の論理に左右されることから、不安定な状況に陥りやすい。

つまり、資本制社会においては、すべての労働者が失業・傷病・障害・高齢などを原因とする生活問題を抱える可能性があり、その解消をめざす社会装置が社会福祉だ。

まとめていうならば、社会福祉とは「福祉をめぐるところの社会的努力であり、幸福を実現するための社会的なしくみ（制度）のこと」をいう。

冒頭で挙げた「優しさ」「他者に対する思いやり」は社会福祉に欠かせない。しかし、有名なテレビ番組を皮肉ることになるが、「愛だけでは地球は救えない」のである。

社会福祉の拡充を最優先課題とした国家を「福祉国家」という。戦前のわが国は、戦争に勝つことを第一義とする軍事国家（戦争国家）であったが、敗戦を機に「福祉国家」の建設に着手した。

それは、日本国憲法第二五条に明確に示されている。

一　すべて国民は、健康で文化的な最低限度の生活を営む権利を有する。
二　国は、すべての生活部面について、社会福祉、社会保障及び公衆衛生の向上及び増進に努めなければならない。

福祉国家実現のシステムを、社会保障（広義の社会福祉）という。

それは①公的扶助（生活保護）、②社会保険（年金保険・医療保険・失業保険・労災保険・介護保険）、③公衆衛生・医療、④社会福祉（児童福祉・身体障害者福祉・知的障害者福祉・老人福祉・母子及び寡婦福祉）の四つから成り立っている。

わが国の社会保障は、社会保険を中心とした制度設計を採る。「社会保障の中心をなすものは自らをしてそれに必要な経費を譲出せしめるところの社会保険制度でなければならない」とする「社会保障制度に関する勧告」（一九五〇年）が、社会保険中心主義を招いたといえよう。

3　明日はわが身の社会福祉

心身ともに健康で、安定した収入があり、社会参加を果たしながら自己実現の機会を得ている時、社会福祉の必要性を感じることは少ないだろう。しかし、社会福祉＝明日はわが身の課題である。

例えば事故に遭い障害を抱えるかもしれない。倒産やリストラにより、失業者になる可能性は誰にもある。高齢期を迎えると、要介護のリスクは高まる。

つまり人は生きている限り、社会福祉の対象者になり得るのだ。誰もがリスクを抱えるから、失業・傷病・障害・高齢などによって生活課題が生じても、つらく悲しい思いをしなくてすむよう、社会的に助け合う制度を構築するところに社会福祉の原理がある。

明日はわが身の課題に思いをめぐらせる時、筆者はWe Are The World（ウイ・アー・ザ・ワールド）という歌を想起する。

この曲は、一九八四年にアメリカを代表するミュージシャンが一同に集まり、アフリカで飢えて死んでいく難民の子どもたちを救済するために作ったチャリティーソングだ（ちなみに、チャリティー＝慈善活動は人々の善意に基づくもので、それ自体を社会福祉と呼ぶことはできない）。

歌詞の中に、「飢えの果てに死んでいく人たちを救うのは、けっきょくのところ自分の命を救うことにつながる」という意味のフレーズがある。

アメリカンドリームをかなえ、裕福な生活を送るライオネル・リッチーやマイケル・ジャクソンが、さらにはボブ・ディラン、スティービー・ワンダーが、あるいはディオンヌ・ワーウィクやウィリー・ネルソンが、どうして遠く離れた地で餓えて死んでいく子どもたちを助けようとしたのか。

おそらく彼らはこういいたいのだと思う。

「自分はアメリカ社会で成功し、現在豊かな生活を享受しているものの、ひょっとしたら自身もアフリカに生まれ飢餓に苦しんでいたかもしれない。あるいは、病気や障害のために歌えなくなり、歌手を辞めて厳しい生活を余儀なくされる時がくるかもしれない。だから、そのような状況になってもつらく悲しい思いをしなくてすむように、明日はわが身の課題としてアフリカの子どもたちに手を差し伸べよう」

このような気持ちが、We Are The World という曲にあらわれているのではないか。

社会福祉を学ぶ目的は、実のところ自分自身の幸福実現のためである。個人の幸福の追求は万人の幸福につながり、万人の幸福は個人の幸福に帰結する。

すべての人の幸福を求める社会的努力が、個人の幸福に関わることを知った時、私たちは社会福祉の積極的な意義を見出すであろう。そのような意味で、社会福祉の追求は「生きることそのもの」といっても過言ではない。

第2節　社会福祉政策の変遷

1　社会福祉の政策のモデル

スウェーデンの社会福祉研究で知られる高島昌二によると、社会福祉政策は次の三つにモデル化されるという(1)。

①　自立——個人の責任ないし市場の役割重視（自助）——新自由主義のアメリカ的市場中心モデル——小さな政府指向——所得再分配小

②　共生——家族・近隣・共同体ないし相互扶助（共助）——保守主義的ドイツ・フランスの社会保険モデル——中程度の政府指向——所得再分配中

③　連帯——社会全体で協力（公助）——社会民主主義のスウェーデン的普遍主義モデル——大きな政府指向——所得再分配大

わが国においては、「②保守主義的ドイツ・フランスの社会保険モデル」をベースに「③社

(1) 19 世紀の資本主義社会モデル

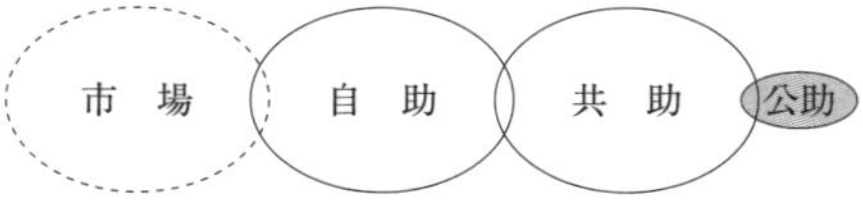

古典的な資本制社会では、市場部門を中心とした自由競争（レッセ・フェール）を理想とし、A. スミス的な小さな政府を目指したので公助は抑制する方向をとる。その際「見えざる手」が自動的に働き安定した経済社会が実現されるとする。この考え方は経済恐慌によって破綻した。

(2)「福祉国家」型福祉モデル

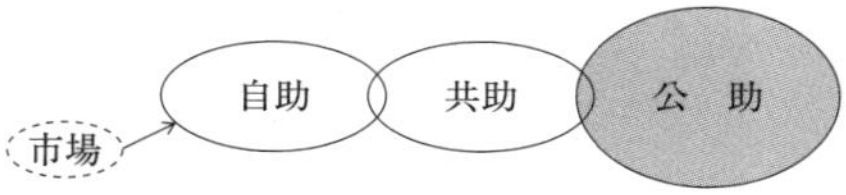

「福祉国家」モデルは、ケインズ的な大きな政府によって計画的な施策がとられるので公助は拡大される。かつてのイギリスが目指した from Womb to Tomb（ゆりかごから墓場まで）の国家による保障が貫徹されている。公助に対する市場の役割は相対的に低く抑制されている。高福祉を志向する。

(3)「日本型福祉社会」モデル

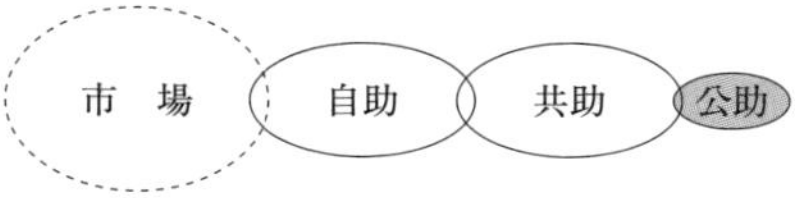

新保守主義のハイエクやフリードマンが主唱する公助抑制型の「福祉社会」を目指すもので、1970 年代後半以後、先進資本主義国のレーガン（米）、サッチャー（英）、中曽根（日）政権が進んで選択した政策で、福祉抑制を目指す。市場の供給量を大きく見積もっている。

(4)「福祉ミックス」型モデル

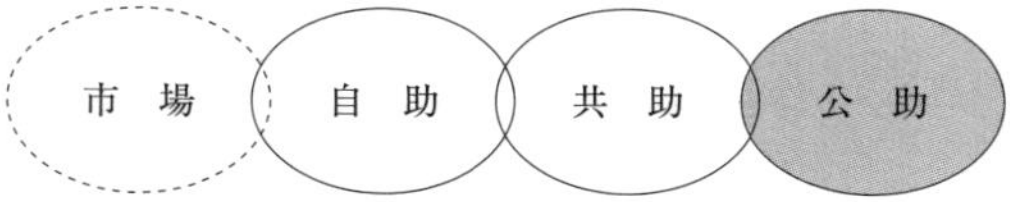

R. ローズ提唱のウェルフェア・ミックスの考え方はすべてのセクターを等価なものと見なし、相補的に捉えることを特徴とする。異質なフォーマル、インフォーマルな部分も横並びにして福祉供給量をセットするところに無理がある。ここでも市場の供給量を高く見積もってある。

円の大きさは各部門の供給量の大きさを示し、また、色が濃い円は公的な部門（フォーマル・セクター）をあらわし、白い円は私的な部門（インフォーマル・セクター）をあらわしている。

図 1-1　自助・共助・公助および市場の配分モデル

出典）大野光彦編著『新・社会福祉論』八千代出版、1993 年を一部改変。

会民主主義のスウェーデン的普遍主義モデル」を取り入れ、「①新自由主義のアメリカ的市場中心モデル」へと移行してきたと高島は指摘する。

全くその通りだ。戦後すぐに構築されたわが国の社会福祉（社会保障）制度は、社会保険中心に設計されている。

その後、老人医療費無料化制度（一九七三年）に見られるように、「③社会民主主義のスウェーデン的普遍主義モデル」に傾斜していくものの、オイルショックを契機とするスタグフレーション（経済停滞）下で「日本型福祉社会論」（図1-1）が採用され、「①新自由主義のアメリカ的市場中心モデル」へとシフトし現在にいたる。

2　日本型福祉社会論

日本型福祉社会論の構想は、一九七九（昭和五四）年に閣議決定された「新経済社会七カ年計画」にはじまるものだ。

我が国経済社会の今後の方向としては、先進国に範を求め続けるのではなく（中略）個人の自助努力と家庭や近隣・地域社会等の連帯を基礎としつつ、効率のよい政府が適正な公的福祉を重点的に保障するという自由経済社会のもつ創造的活力を原動力とした我が国独自の道を選択創出する、いわば日本型ともいうべき新しい福祉社会の実現を目指すものでなければならない。

「新経済社会七カ年計画」について（昭和五四年八月一〇日閣議決定）

以降、「自助努力」「市場の活用」を前提とした日本型福祉社会論が社会福祉政策の柱となっていく。「我が国独自の道を選択創出」と主張しながら、実質的には「①新自由主義のアメリカ的市場中心モデル」へと大きく舵を切った。

日本型福祉社会論にお墨付きを与えたのは、第二次臨時行政調査会である。スタグフレーションにある経済状況を乗り切るためには、「効率の良い政府が適正な負担の下に福祉の充実を図ることが望ましい」と指摘した。それは、自助を前提とし、地域社会で助け合うことを通して、福祉ニーズの充足を図るべしという考え方である。自助の補完として公助を位置づけるところにその特徴が見られる。

第二次臨時行政調査会は、財政再建の名目で規制改革を主張し、具体的には国鉄・郵政公社・電電公社の三公社の民営化をターゲットにした。中曽根政権はこれに着手し、それが現実のものとなる。

横道にそれるようだが、果たして公共の民営化（評論家の佐高信は「会社化」と呼んでいる）は望ましい選択といえるのか。

例えば、国鉄の会社化（一九八七年）により、不採算部門の地方の赤字路線は廃線となり、高齢者など交通弱者の交通権が侵害された。国鉄の経営赤字が民営化の理由であったが、公共性の高い事業を経営収支の問題にしてよいのか。つまり、経済合理性ではかってはならない事業にこそ、公の役割がある。

筆者がリスペクトする元コメディアンの上岡龍太郎が、そのむかしテレビ番組で「国鉄も消防も警察も赤字なものです。国鉄はみんなの足だから赤字なものです」と述べていたと記憶する。公共の性質を見事に言い当てている。

「公共」とは何か？　読者の再考を求めたい。

3　社会福祉のリストラ改革

一九八〇年代に入ると社会保障構造改革がはじまる。国民負担率（年間の租税および社会保障費拠出総額の国民所得に対する比率）を五〇％以下におさえることを名目に、年金・医療・福祉の各分野のリストラを行うところにその趣旨があった。

そのために、公費支出の抑制、利用者（受益者）負担の強化、民間活力の活用が掲げられる。この改革の先駆として導入されたのが、公的介護保険制度であった。

社会保障構造改革の福祉版といわれる「社会福祉基礎構造改革」は、二一世紀のわが国の社会福祉の方向性を示すものであり、社会福祉予算にかんする国庫負担の削減や市場原理に基づいた社会福祉供給システムが構築されていく。具体的には、多様なサービス供給主体の参入促進や主体間の競争を通じたサービスの提供などである。

二〇〇〇年代に入ると、社会保障（広義の社会福祉）の「給付と負担のバランス」が議論の俎上にあがった。

少子・高齢化の進行にともない、将来にわたって医療・年金・社会福祉の負担増が見込まれることから、現状の社会保障制度の改革が必要であるという認識に立ち、その検討を目的として、二〇〇八（平成二〇）年に社会保障国民会議が設置される。

その後政権についた民主党も、引き続き社会保障制度改革を行い、二〇一二（平成二四）年六月に「社会保障・税一体改革関連法」を成立させ、社会保障の財源確保のために消費増税（年金・医療・介護・少子化対策に使途を限定）が決まる。これは、民主党・自民党・公明党の三

社会保障改革が必要とされる背景

非正規雇用の増加など
雇用基盤の変化

家族形態や地域の変化

人口の高齢化、
現役世代の減少

高齢化にともなう社会保障の増大

・高齢者への給付が相対的に手厚く、現役世代の生活リスクに対応できていない
・貧困問題や格差拡大への対応などが不十分
・社会保障費用の多くが赤字国債で賄われ、負担を将来世代へ先送り

→ 社会経済の変化に対応した社会保障の機能強化が求められる

⇨ 現役世代も含めたすべての人が、より受益を実感できる社会保障制度の再構築

改革のポイント

◆共助・連帯を基礎として国民一人ひとりの自立を支援
◆機能の充実と徹底した給付の重点化・効率化を、同時に実施
◆世代間だけでなく世代内での公平を重視
◆特に、①子ども・若者、②医療・介護サービス、③年金、④貧困・格差対策を優先的に改革
◆消費税の充当先を「年金・医療・介護・子育て」の4分野に拡大〈社会保障4経費〉
◆社会保障の安定財源確保と財政健全化の同時達成への第一歩
⇒消費税率(国・地方)を、2014年4月より8%へ、2015年10月より10%へ段階的に引上げ(※)
◆就労促進により社会保障制度を支える基盤を強化

改革の方向性

❶ 未来への投資(子ども・子育て支援)の強化
・子ども・子育て新システムの創設

❷ 医療・介護サービス保障の強化／社会保険制度のセーフティネット機能の強化
・地域包括ケアシステムの確立
・医療・介護保険制度のセーフティネット機能の強化
・診療報酬・介護報酬の同時改定

❸ 貧困・格差対策の強化（重層的セーフティネットの構築）
・生活困窮者対策と生活保護制度の見直しを総合的に推進
・総合合算制度の創設

❹ 多様な働き方を支える社会保障制度へ
・短時間労働者への社会保険適用拡大
・新しい年金制度の検討

❺ 全員参加型社会、ディーセント・ワークの実現
・有期労働契約法制、パートタイム労働法制、高齢者雇用法制の検討

❻ 社会保障制度の安定財源確保
・消費税の引上げ（基礎年金国庫負担1/2の安定財源確保など）

※消費税率の10%への引き上げ時期については、その後の経済情勢に鑑み、2019年10月に延期されている。

図1-2　社会保障・税一体改革で目指す将来像

出典）厚生労働省作成資料を一部改変。

党合意である（図1-2）。

具体的には、二〇一四（平成二六）年四月に八％、そして翌年一〇月からは一〇％へと段階的に引き上げるというものだ（政権交代後の安倍政権において、一〇％の増税時期は二〇一七年四月に先送りされ、さらに二〇一六年六月一日には二〇一九年一〇月までの再延期を決定した。加えると、二〇一七年九月、安倍首相は、消費税を一〇％に引き上げた際の使途の変更を掲げて衆議院を解散した）。

なお、消費増税にともなう社会保障改革の手順を示す「プログラム法」が、二〇一三（平成二五）年一二月に成立している。

国の累積財政赤字が一〇〇〇兆円を超える現在、ますます増加が見込まれる社会保障の資本をどこに求めるかは喫緊の課題である。

このような状況下で、社会保障の安定的な財源として、消費税をアテにする政策判断には一定の理解を示すべきかもしれない。しかし、逆進性のある消費税を社会保障にあてるのは本末転倒といえる。

くしくも経済同友会が二〇一七（平成二九）年三月三〇日に出した「子どもの貧困・機会格差の根本的な解決に向けて—未来への投資による真の総活躍社会の実現—」に次のような記述がある。

社会保険料負担の増加や所得税率構造の累進緩和等を進めたことにより、個人所得課税と社会保険料を合わせた実効負担率は、低所得層において増加する一方、高所得層以上において低下している。こうした中で、政府は国民年金や国民健康保険の保険料を支払えない人に対して免除・軽減処置を講じているが、未納や滞納が後を絶たず、国民年金の最終納付率は六七・八％に留まり、国民健康保険の滞納世帯の割合は一六・七％に上る。

実に的を射た指摘だ。低所得者の税負担率（医療や年金などの社会保険料は義務負担のため実質的な税負担といえる）が高くなっていることは、累進税制をゆがめることにつながる。また、いびつな負担構造を解消するために、社会保険料の免除を行うことは、保険料拠出の見返りとして保険給付を行うという保険の原則を崩すことになり、問題が少なくない。

消費増税を社会保障制度改革の切り札に使っていく発想は、低所得者の生活をますます追い詰める結果を招かないか。大いに心配されるところだ。逆進性がある消費税は、その負担が低所得者に重くのしかかる。

安倍政権が推し進めるアベノミクスは、「成長戦略」を優先し、その果実で分配を行うという政策である。つまり、富める者が富めば、結果として貧しい者にも富が自然としたたり落ちるとする考え方（トリクルダウン）だ。

しかし、経済学者・駒村康平がいうように、「非正規労働者の増加や所得格差の拡大が、世界経済成長の鈍化の要因であることは、すでにＯＥＣＤ、ＩＭＦ、ＩＬＯといった国際機関のリポートが相次いで指摘している。（中略）再分配政策による格差縮小は成長戦略になる」[2]と考えるのが妥当ではないか。

第３節　格差社会の解消

１　愚直に生きる人が花開く社会

二代目・渋谷天外が旗揚げした松竹新喜劇を、渋谷とともに日本を代表する喜劇に育て上げた藤山寛美主演の舞台に「人生双六」という作品がある。ここで、舞台の解説から、そのストーリーを追ってみよう。[3]

大阪で働こうと四国の松山から出てきた宇田信吉（藤山寛美）は、不運にもその尋《ママ》ねる会社が倒産してしまっていて、帰るにも帰れず、僅かな持ち金もつかい果たし、空腹に耐えかねて雪降る街をさまよい歩いていました。

そんな時、やはり失業者である浜本啓一（高田次郎）と出会ったのです。浜本は道に落ちていた大金を拾ったのでしたが、悪いこととは知りながら、失業の苦しさに、思わずその金を着服しようとしていたのでした。ところが、信吉と偶然出会い、お互いの身の上を語り合っているうちに、信吉のどんなに落ちぶれても失わぬ実直な心に打たれ、悪への一歩手前で、ハッと目を覚まし、落し主に拾った金を返す決心をしたのでした。

そして、自然と友情が芽生えた二人は、互いに手を握り合い、「五年経った今月今夜、この場所で必ず再会しよう、そして二人がどれだけ出世しているか楽しみにしようやないか」と固い約束をするのでした。

約束通り、二人は五年後に再会を果たす。その時、お互いに決意した「出世」を彼らは遂げていたのであろうか。

浜本啓一は、拾った財布を落とし主であった製材所の社長に届けたことがきっかけとなり、その会社に入社する。やがて、社長令嬢と恋に落ち、結婚。再会の日には専務に昇進していた。いっぽう、宇田信吉はというと、職を得るものの倒産の憂き目を見る。再就職したが、今度は病気にかかり退職を余儀なくされる。浜本と再会する時、所持金なしの〝ホームレス生活〟であった。

宇田の苦境に気がついた浜本は、そっと大金を宇田のコートのポケットに忍ばせ、再び五年後に会おうと提案する。浜本の心遣いに宇田が涙をこぼす場面で、舞台は幕を閉じる。

冬の夜、街頭で出会った宇田の「落ちぶれても失わぬ実直な心」にふれ改心した浜本、そして浜本との再会を目標に懸命に働く宇田。二人とも、五年の歳月を愚直に生きてきた。

日本の芸能にくわしい木津川計は、「藤山寛美は、この愚直に生きる人に惹かれた。目を離せなかったのだ。世の中はこういう愚直な人のおかげで成り立っているのと違うだろうか」[4]と評している。愚直な人々が軽視されている時代だからこそ、藤山寛美は彼らにスポットを当てたといえる。

愚直に生きる人、すなわち国民一人ひとりが花開くような社会でなければならないと筆者は考える。それは、「格差が最小限の社会」といい換えてもよい。格差が著しく拡大していく世の中にあっては、愚直な人生を送っている人たちが〝貧乏くじをひく〟ことになる。

社会福祉は、まさに「格差が最小限の社会」をめざすものだ。格差が拡大していく状況の放置は、結果的に資本制社会そのものの維持発展を阻害する要因になりかねない。

2　保守本流と保守傍流

戦後、自民党を中心とした保守政治＝保守本流が政権を担ってきた。その政治理念は、護憲・軍事的軽装備・所得再分配である。

わかりやすい例を挙げると田中角栄に代表される政治だ（政治学でいうと、厳密な意味での保守本流とは、吉田茂を源流とする宏池会である。大平正芳や宮沢喜一、河野洋平を輩出した）。「外においてはあらゆる国との平和維持に努力し、内にあっては国民福祉の向上に最善を尽くすことを政治の目標」（第七〇回国会「田中角栄所信表明演説」一九七二年一〇月二八日）とするのが保守本流政治といえる。田中は「政治とは生活である」と考え、老人医療費無料化制度（一九七三年）を創設した。

つまり、戦後の保守本流政治は、平和憲法を礎に、所得再分配を通じて格差が最小限の社会をめざし、国民生活の安定を図ってきた。むろん、それが現実にきちんと果たされてきたわけではないが、ベクトルは基本的にそこに向いていた。

所得再分配とは、累進課税を通じ、高所得者から低所得者への富や所得の再配分を行うしくみで、具体的には社会福祉などのサービスを介してそれは果たされる。これにより、生活格差は縮まり、すべての国民の健康で文化的な最低限度の生活（憲法第二五条）の実現が可能となる。

ところが、中曽根―小泉―安倍の一連の「保守傍流」政権は、規制緩和のもと公共の民営化を進め、所得再分配機能を弱める政策を採ってきた。

その結果、「再分配後の貧困率のほうが、再分配前の貧困率よりも高い」（阿部彩『子どもの貧困』岩波新書、二〇〇八年）状況が生じている。所得再分配を行っても貧困率が改善されないのは、所得再分配機能不全の証拠だ。

元大蔵省（現財務省）職員だった武田知弘の試算によると、高額所得者であるトヨタ自動車社長の税負担率が約二一％であるのに対して、サラリーマン（給与所得者）のそれは約三五％だという(5)。これは、国民の義務負担となっている社会保険料を実質的な税負担とみなした計算であるが、ここからも累進課税制度が崩壊している事実が浮かび上がる。

中曽根政権のもとで一九八五（昭和六〇）年に成立した「労働者派遣法」は、その名の通り、従前違法だった派遣労働を認める法律である。これを契機に、非正規労働者（派遣社員・契約社員・パート・アルバイト）は年々増加し、二〇一四（平成二六）年九月時点で約二〇〇〇万人となっている。

実質的な解雇を意味する「雇い止め」を通して、いわば企業の雇用の調整弁となってきた非正規労働者は、いまや全労働者の四割を占める。いうまでもなく、貧困へと転落するリスクは、正規労働者よりも非正規労働者のほうが高い。

ゆがみが生じている所得再分配機能の是正と非正規雇用の規制を行っていくことが、「格差が最小限の社会」を実現するための要である。

【注】

（1）高島昌二「福祉の自由主義か、社会民主主義か」（皇學館大学社会福祉学部編『小さな政府論が提起する新しい福祉課題』皇學館大学出版部、二〇〇七年）。

（2）駒村康平「政府は『一体改革』というダイエットをやめ」（二〇一六年一〇月一四日付「WEBRONZA」朝日新聞社）。

（3）松竹新喜劇「人生双六」公演パンフレット、一九八二年。

（4）木津川計『優しさとしての文化』かもがわ出版、二〇〇二年。

（5）武田知弘『税金は金持ちから取れ』金曜日、二〇一二年。

第2章　児童の福祉

第1節　児童の理解

1　児童の定義と児童をとらえるまなざし

児童福祉は、児童の生活保障と愛護（児童福祉法）の実現を目的とするが、その前提として児童（子ども）の理解が不可欠である。

ちなみに、わが国においては、児童とは満一八歳に満たない者をいい、乳児（満一歳に満たない者）・幼児（満一歳から小学校就学の始期に達するまでの者）・少年（小学校就学の始期から満一八歳に達するまでの者）に分類される。

子どもを分析する科学として、教育学・心理学・社会学・医学・保育などが挙げられるが、それらを用いても、子どもの世界は大人には理解が難しいと筆者は考える。

もちろん、子どもを理解していく上で、科学の知見は多少なりとも役立つものの、けっきょくのところ、子どもの世界は大人の理屈の外にあり、どこまでいっても大人にはわからない部分が残るのではないか。

筆者は中学校での教員経験を持っている。その後大学教員の職を得、児童福祉を専門にしたものの、勉強すればするほど彼らのことがわからなくなってしまった。

こんなはずではないとずいぶん悩んだが、その果てに得た結論は次の通りである。

「もとより子どもの世界は大人には解明不可能」

明らかにできない子どもの世界を、大人の論理によって解釈しようとするから、かえって子どもとの断絶が生じる。解明不可能と自覚している人は、豊かな子どもの世界を大人の自分勝手な論理で踏み荒らさないだろう。

逆説的ないいかたをすれば、子ども＝わからないと自認する大人にだけ、子どもが見えるのである。

2　子どものことは子どもに習え

評論家・斎藤次郎は、「子どものことは子どもに習え」と主張している。成人後、青森県の公立小学校に許可を得て特別に在籍した斎藤は、子どもと机を並べ、彼らといっしょに学校生活を送る中で、子どもに対する思い込みから自己を解放しようと試みた。その経験は『気分は小学生・百石小学校四年竹組留学記』（岩波書店、一九九七年）にまとめられている。

斎藤は次のようにいう。

「自分の言いたいことが別にあって、それを子どもにかこつけて主張するといった文章とうんざりするくらいつきあって来ました。それはそれで筋さえ通っていれば構わないけれど、今日のように子どもとおとなの関係があいまいになり、子どもの『実態』が見えにくくなると、注意を要すると思うのです。自らを戒める意味でぼくはひそかに『子どものことは子どもに習え！』と呟いています[1]」

年齢を重ね大人にいたった私たちにとって、子ども時分は遠い記憶であり、そのために子どもが見えなくなっている。

したがって、子どもの世界を理解しようとするならば、斎藤の指摘通り、子どもの世界は子どもに習うほかない。それを忘れ、大人の一方的な理解に基づき、彼らの世界を曲解している大人がいかに多いことか。

科学といわれるものが、手前勝手な理論をもとに子どもの世界を取り違えているならば、その体系を自己批判的に検証する必要がある。

子どもにおしえてもらうためには、「大人の仮面」をはずすことが肝要だ。仮面をはずし、一人の人間として、ありのままの姿で彼らと向き合った時、子どもの世界への仲間入りが許される。その時はじめて、子どもから習うチャンスがおとずれるのではないだろうか。

3　子どもと信頼を築く

筆者が中学校の教員をしていた時の話である。

職員室で昼食をとっていると、中学二年生の男子生徒に職員室のドアから呼ばれた。授業を担当するクラスの子どもである。

食べかけの弁当にふたをして、彼のもとにいくと、開口一番彼がこういった。

「頼みがあるんだけど、ぜったいにうんといってくれる?」

切羽詰まった表情で、その男子生徒は筆者に訴えかける。

「どうしたの？」と彼に聞くと、こんな言葉が返ってきた。

「進路に関係する大切な提出物を忘れてきてしまったんだ。それを今日担任に出さないとたいへんなことになる。だから、これからこっそり家に取りに帰ろうと思うんだけど、他の先生に見つかったら叱られるので、学校の裏口で見張り番をしてくれない？」

この子は、ふだんから忘れ物が多く、勉強は苦手で教師に反抗的。〝問題児〟とのレッテルを貼られている。だから、担任の教師にもよく思われていない。

忘れ物が発覚したら、担任にひどく叱られることを恐れた彼は、多少なりとも率直に相談できる筆者を頼ってきたのだろう。

彼の申し出を引き受けるか、それともそれはいけないと指導すべきか。教師の端くれである筆者は一瞬迷ったが、ここは「教師（大人）の仮面」をはずし、その子の必死の訴えを聞くことにした。

学校の裏口で〝見張り〟をするのはドキドキしたが、彼は無事忘れ物を持って戻ってきた。一件落着である。

見方によると、筆者の対応はいわば子どものパシリ（使い走り）であったかもしれない。しかし、筆者はそうは思わなかった。むしろ、このできごとを契機に、彼との信頼関係は深まったと感じた。

なぜなら、筆者が他の教師にチクる（告げ口をする）ような人間だったならば、その男子生徒は頼ってこなかっただろう。信頼がおけると判断したから、筆者に相談を持ちかけたのだ。

筆者の行為は、教師としては逸脱だろうが、子どもの気持ちに寄り添うためには、時としてそういう橋を渡ることも必要ではないか。そこから、子どもとの人間的つきあいがはじまる。

第2節　社会的養護と里親

1　社会的養護とは

児童の権利に関する条約（一九八九年）が、家族を「児童の成長及び福祉のための自然な環境」と位置づけているように、子どもにとって家族の存在は重要である。

しかし、父母の死亡、父母の離婚、父母の入院、父母の就労、父母の精神疾患、虐待、経済的理由などが原因で家族のもとでの生活が困難な状況が起こり得る。

そのような状態に置かれた子どもを「公的責任で社会的に養育し、保護するとともに、養育に大きな困難を抱える家庭への支援を行う」システムを社会的養護と呼ぶ。

家庭における養育上の課題は、保護者の責任のみに帰するべきではなく、社会の構造的矛盾の中で生じているという認識が必要だろう。

社会的養護は、家庭養護（里親・ファミリーホーム）と施設養護（乳児院・児童養護施設など）の体系を持っており、わが国においては後者に重点が置かれてきた。具体的には、対象児約四万七〇〇〇人（二〇一七年一月現在）のうち、里親のもとで生活している子どもは約五五〇〇人で、一五％程度である。

こんにち、家庭（的）環境のもとで子どもを養育することが国際的スタンダードとなっており、それに近づけるために施設はすべて小規模化をはかり、同時に家庭そのものの養育環境にある里親養育を拡充する政策が進行中だ。

二〇一七（平成二九）年八月二日に公表された「新しい社会的養育ビジョン」（新たな社会的養育の在り方に関する検討会）はさらにそれを加速させる内容となっているものの、里親登録者の確保さらには里親の質の担保など、そう簡単な話ではない。

このビジョンでは、「三歳未満については概ね五年以内に、それ以外の就学前の子どもについては概ね七年以内に里親委託率七五％以上を実現し、学童期以降は概ね一〇年以内を目途に里親委託率五〇％以上を実現する」ことを目標にしているが、二〇一六（平成二八）年度末の委託率が一七・五％である点をふまえると、現実との乖離が著しくその根拠はあいまいだ。そのいっぽうで施設養護の縮小（廃止）が意図されている。

しかし、「里親文化」が定着していないわが国において、このような構想が現実的なものか否かについては、慎重な検討が求められる。

他方、「家庭支援体制の構築」をビジョンは掲げるが、日本型福祉社会論のもとでそれがじゅうぶん果たされるとはとうてい思えない。けっきょく家庭支援は名ばかりに終わり、家庭における養育責任（自助努力）だけが強調される可能性は高い。

子どもの成長において家庭は重要だが、明治維新以降の「核家族」化していく社会における子どもの養育は、当然のことながら、社会的文脈を強めるものでなければならないはずだ。あえていうならば、「家庭」という私的領域に対する家庭支援が、「家庭教育支援法」（自民党が議員立法として法案提出を準備しているもの）のような形で行われていく時、家庭支援は家庭の自律性を侵害するに違いない。

2　里親の種類

里親とは「保護者のない児童や保護者に監護させることが不適当であると認められる児童を

養育することを希望する者であって、都道府県知事が適当と認める者」をいい、①養育里親、②専門里親、③親族里親、④養子縁組里親の四つにカテゴライズされている。

養育里親とは里親制度の中心を占めるもので、保護を必要とする児童が、元の家庭で生活できる状態になるまで、あるいは児童が自立できるようになるまでの一定期間養育する里親のことをいう。里親基礎研修後、さらに研修や実習を重ね、児童福祉審議会里親認定部会で審議され、認定を受ける。

被虐待児、非行傾向のある児童、障害児など特別なケアが必要な要保護児童を養育する里親を、専門里親と呼ぶ。養育里親としての経験のある者や、児童養護施設などの児童福祉事業経験者がなれる。

親族里親は、その名の通り親族が里親になるもので、祖父母やおじ・おばなど三親等内の親族が認定を受けて当該児童を養育する。

要保護児童のうち、将来にわたって保護者の養育が見込まれない児童であり、かつ養子縁組が望まれる児童を養子とするのが養子縁組里親である。

養育里親には月額七万二〇〇〇円（二人目以降は三万六〇〇〇円）が、専門里親には月額一二万三〇〇〇円（二人目以降は八万七〇〇〇円）が手当として支給される。親族里親、養子縁組里親には里親手当は支給されないが、児童の日常生活に必要な生活費や教育費の手当ては、養育里親・専門里親同様にある。

第3節　子どもの貧困

1　子どもの貧困実態

貧困を可視化する指標を「相対的貧困率」と呼ぶ。これは、所得を高い順番から並べた時、真ん中に位置する人の所得の半分（貧困線）に満たない者の割合をいう。

二〇一五（平成二七）年度の中央値は二四五万円、貧困線は一二二万円となっている。これをもとに算出される子どもの貧困率は、一三・九％である（平成二八年国民生活基礎調査）。

保坂渉・池谷孝司『子どもの貧困連鎖』（新潮文庫、二〇一五年）には、貧困に苦しむ子どもの姿が報告されている。

夏休み前の大雨の日、愛（八）と一緒に姉で四年生の静香（九）がビーチサンダルで登校してきた。運動靴は穴があいており、「どうせ足が濡れるなら」と二人ともサンダル履きで来たのだった。

「お母さんに靴を買ってもらいなさい」

小学校の保健室で河野（養護教諭）が二人に言った。

「うち、お金がないから買えない」

愛は答え、河野が用意したパンと牛乳の朝食を口に運んだ。

上履きも小さくなって、かかとを踏み、足の親指のつま先を曲げて履いていた。

（中略）

この小学校では生活の様子が気になる児童に「健康チェック」と呼ぶ記録を付けさせている。朝夕食の内容、入浴したかどうか、体温などを毎日記入させ、家庭生活に変化がないかを見守る。

愛と静香の夕食は、ラーメン、牛丼、うどん、ハンバーガーといった外食が多かった。あとは市販の総菜か弁当が中心だった。風呂に入らない日も目立つ。食事の時間は遅く、寝る時間も遅くなっていた。

ジャーナリストの秋山千佳は、「家庭にインスタントラーメンさえないかもしれない、という子もいる」「学校に来る日は、給食のタイミングでやってくるという。どうしてもお腹が空いた日の命綱となっている」（『ルポ保健室―子どもの貧困・虐待・性のリアル―』朝日新書、二〇一六年）とレポートする。給食が生命線という子どもの実態は、彼らの置かれている生活状況を映し出すものだ。

朝日新聞の山下知子記者によると、給食の重要性をふまえ、フードバンクなどを活用し朝食を子どもたちに提供する中学校があるという（皇學館大学教育学会児童福祉研究部会主催「第二回子どもの貧困対策について考える学習会」講演）。

このように、学校の役割を子どもの生活のケアにひろげていく発想は、今後ますます重要になるだろう。

さらに、「週刊東洋経済」（二〇一五年四月一一日号）から、困窮する母子世帯の事例を見てみたい。

シングルマザーの理沙さん（仮名）は、高校二年生の長女（一六）、中学校三年生の二女（一四）と都内のアパートで暮らす。事務員として週に四日勤務。雇用期間は二カ月で、六年半にわたり更新が繰り返されている。昇給は今までに一度もなく、時給はコンビニエンスストアで働き始めた長女より二〇円高いだけだ。DV（ドメスティックバイオレンス）と経済的理由で別れた元夫からの養育費は遅れがちだ。

離婚した〇三年当時、娘は四歳と二歳だった。東京に逃げてきた直後から半年間にわたって生活保護を受給。「その頃はひどいうつ状態だった。無理して働いた結果、動けなくなったこともある」（理沙さん）と言う。現在も心療内科に通い続けている。

思春期と反抗期が重なった娘たちには手を焼くこともあったが、今は「親子で月一回、カラオケボックスで歌うのが楽しみ」（理沙さん）と言うほど仲むつまじい。

理沙さんのようなひとり親家庭は、「児童扶養手当」の申請が可能だ。

これは、「父母の離婚などで、父又は母と生計を同じくしていない子どもが育成される家庭の生活の安定と自立の促進に寄与し、子どもの福祉の増進を図ることを目的」とするもので、第一子四万二〇〇〇円、第二子五〇〇〇円（二〇一六年八月より一万円）、第三子三〇〇〇円（二〇一六年八月より六〇〇〇円）が支給される。なお、給付には所得制限が設けられている。

しかし、母子世帯の貧困率は五〇・八％（平成二八年国民生活基礎調査）となっており、著しく高い。

児童扶養手当の拡充以前に、所得再分配機能の強化を通して母子世帯の所得改善を行うとともに、非正規労働を余儀なくされている状況にメスを入れることが何よりも重要である。

2 就学援助制度

この制度は、「経済的理由によって、就学困難と認められる学齢児童生徒の保護者に対しては、市町村は、必要な援助を与えなければならない」という学校教育法第一九条を根拠に行われている。

「子供の貧困対策に関する大綱」（二〇一四年八月二九日閣議決定）に基づき、就学援助の実施状況は毎年公表される。それによると、小・中学生のうち一五・三％（二〇一六年度）がこの給付を受ける。

外国につながる子どもの支援を行う多文化共生ネットワーク・エスペランサ（三重県津市）代表の青木幸枝によると、就学援助制度のもとでの「入学準備金」の給付が入学後になるため、当面の生活費をそれに充てなければならず、結果日々の生活が困窮する状況が生じているという。

その前払いのシステムを導入している市町（例えば、福岡市・愛知県知立市・大分県日田市・

三重県伊勢市など）も増えつつあるが、まだまだ少ない。

また、二〜三万円そこその入学準備金では、小学校入学に必要な物品（ランドセル・文房具・体操服・靴など）を揃えるのは困難だ。

青木が関わった家庭の母親は、「ランドセルが安くなっていると思って見に行ったんだけど、私が買えるランドセルは一つもなくて、とてもがっかりして帰ってきたの」[2]と嘆息したという。

参考までに、二〇一四（平成二六）年のランドセルの平均価格は約四万二〇〇〇円（一般社団法人ランドセル工業会の調べ）となっている。

文部科学省「平成二六年度子供の学習費調査」によると、学習費（学校教育費・学校給食費・学校外活動費の合計）の年額は、公立小学校で三二万一七〇八円、公立中学校で四八万一八四一円である。義務教育は無償だが、学用品や遠足・修学旅行、給食などで概ねこれだけの経費がかかる。

「沖縄タイムス」二〇一七年五月二日付社説は、入学準備金と実際にかかった費用との乖離は制度的な問題であり、その改善は行政課題だという認識を示している。

入学準備金の増額が根本的な問題解決につながるとは思えないが、現実にかかる金額と入学準備金との著しい開きは、いっそう貧困家庭の生活を追い詰めるであろう。

子どもの貧困は、保護者（親）の貧困に起因する。親の収入が少ないために、衣食住や医療、教育など子どもの成長に不可欠な生活上の基盤が〝破壊〟されているのだ。その結果生じる社会的不利は累積し、貧困の世代間連鎖につながる（図2-1）。

3　貧困と格差

貧困は「格差」といい換えることができる。すなわち、子どもの貧困は子どもの格差であり、子どもの格差は実のところ大人（保護者）の格差を意味する。

格差が生じている原因は、「非正規雇用の増加」と「所得再分配機能のゆが

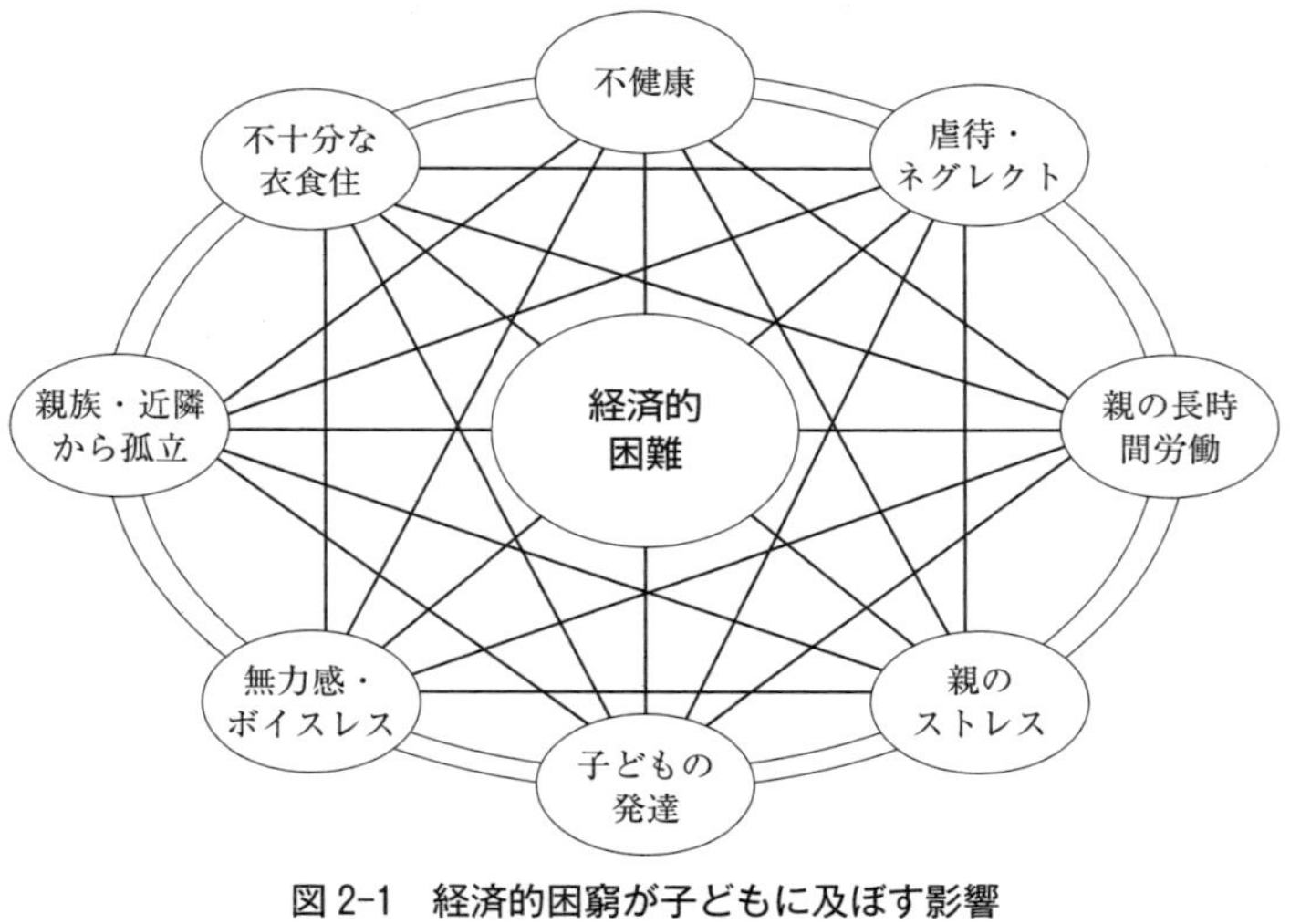

図 2-1　経済的困窮が子どもに及ぼす影響

出典）山野良一『子どもに貧困を押しつける国・日本』光文社新書、2014 年。

み」にあると断言してよい（後者については第一章で述べた）。

労働問題にくわしい弁護士の中野麻美は、安心して働ける仕事とは「雇用期間の定めのない、使用者との対等性が確保されて生活に見通しのきく雇用」と断った上で、具体的な条件として「①働き手にふさわしい力と役割を発揮できて、公正に報われ、②働き手の生活や健康、人格が大事に尊重でき、③自立して将来を見通しながら生きる基盤となり、④お互いに尊重しあう人間同士のつながりがあって、⑤発展のためにチャレンジできる」(3)ことだと指摘する。

現実の労働環境は、これには程遠い。非正規雇用が拡大していく中で、ますます悪化していくように思える。「人間らしい」労働環境の整備は喫緊の政治課題である。

第4節　非行問題と更生の可能性

1　少年非行とラベリング論

社会学にラベリングという理論がある。

犯罪などの「逸脱行動」の原因を、当事者のパーソナリティ（人格や性格）や環境だけに求めるべきではない。むしろ、犯罪者というレッテルを貼られることによって、ほんとうの犯罪者になっていくとラベリング論は指摘した。

犯罪者＝逸脱者とラベリングされた者は、それをきっかけに犯罪者グループに接近し、犯罪者としてのアイデンティティを確立する。これが、ラベリング論の考え方だ。

出来心で万引きをした少年がいたとしよう。店員にそれが見つかり、補導された。その結果、友だちからは「不良」というレッテルを貼られ、疎まれる。ハミゴ（仲間はずれ）にされた少年は、不良グループの中にしか居場所がなくなる。そして、正真正銘の不良少年になっていくことが多分にある。

要するに、ラベリング理論の考え方は、逸脱者のレッテルを貼られることにより、人はそのレッテルにふさわしい行動をとるというものだ。

しかし、社会学者の坂本佳鶴惠は、「少数の自分を理解してくれる友人の前では、本当の（自分がこういう人間だと思う）自分でいながら、ほかの人びとに対しては、期待にこたえて『不良』っぽくふるまい、恐れられていることを逆に利用して掃除をさぼったり、いじめられている友人を救ったりして、したたかに生きていくかもしれない」[4]と指摘する。

つまり、他者によってラベリングされたとしても、真正の不良少年にならずに生きていく可能性があるのだ。

筆者が短大に勤めていた時の教え子に、虞犯傾向があり、中・高校生の時分に「非行少年」というレッテルを貼られた女子学生がいる。

その学生は、高校生の時、年齢を偽り飲食店で深夜までホステスとして働いていた。毎朝、駅の売店で朝日から日経まで新聞全紙を買い、学校に着くなり全部に目を通した。本人曰く、社会のできごとを理解していなければ、ホステスの仕事はできないからだという。未成年であるにもかかわらず、ホステスとして働くのは逸脱行動である。

彼女に、「なぜホステスとして働いていたのか?」とたずねてみた。すると、「私の家に、親のいない天涯孤独な友だちが同居しているんだ。その友だちの生活費を稼ぐために、ホステスの仕事をしていた」という答えが返ってきた。

彼女の行動は、貼られたレッテルに相応した行動ではなく、彼女なりの正義感に基づいた主体的なものである。自らにつけられたレッテルをはね返し、「したたかに生きていく」可能性を彼女は示している。

2　非行少年に対する処遇の体系

非行少年に対する処遇は、その年齢や非行の程度によって、児童福祉法と少年法の二つの体系を持っている。

成長の過程にある子どもは、時として過ちを犯すことが起こり得る。本人の意思にかかわらず、加害者になるケースもあるだろう。動機がなくても、非行グループとの交遊の中で、気がつけば犯罪にいたる場合も想定される。

しかし、子どもは発達途上なのだ。彼らを見限ることは、成長の可能性の否定につながる。つまり、更生の可能性を確信するところに処遇の理念がある。

非行少年に対するトリートメントが二つの体系のもとで行われているのは、このような理由からだ。

3 非行少年の定義

少年法（第三条）では、非行少年を三つに分類（犯罪少年、触法少年、虞犯少年）し、定義する。

まず犯罪少年であるが、これは刑罰法令に触れる罪を犯した一四歳以上二〇歳未満の少年をいう。彼らは、罪の程度にかかわらず、すべて家庭裁判所に送致され、そこでの審判に付される。これを「全件送致主義」と呼ぶ。

触法少年は、犯罪少年同様に刑罰法令に触れる行為にいたった少年であるが、一四歳未満の者が該当する。児童福祉法に基づき、児童相談所の判定のもと、児童養護施設や児童自立支援施設などへの入所措置あるいは家庭裁判所への送致などの対応がとられる。

現在は犯罪に及んでいないものの、その性格または環境に照らして、将来において罪を犯すおそれがある少年を虞犯少年と呼ぶ。具体的には、保護者との関係が悪く家庭に寄りつかない、繁華街をたむろしているなどの場合である。

4 少年犯罪の現状

二〇一六（平成二八）年版の『犯罪白書』によると、二〇一五（平成二七）年の少年犯罪（刑法犯、危険運転致死傷及び過失運転致死傷など）の検挙人員（触法少年の補導人員を含む）は、六万五九五〇人である（図2-2）。

これは戦後最小であり、前年と比べて一七％マイナスとなっている。少年犯罪件数の減少傾向は、二〇〇四（平成一六）年を起点とする。

この事実をもとに考えるならば、近年声高に叫ばれている「少年犯罪の厳罰化」はまったく見当はずれだ。

そもそも、厳罰化では問題の根本解決にはいたらないと筆者は考える。厳罰化は、非行少年を自暴自棄にさせ、彼らから更生の意欲を奪うことにつながるのではないか。

元神戸家庭裁判所判事の井垣康弘は、「私が直接審判した少年の数は五〇〇〇人を超えますが、その九九・九％が紆余曲折はありますが立ち直っていく姿を知りました。私の中で何が変わったかというと、その立ち直っていく様を実際に目にし感動を受けた、ということにあります」（「週刊金曜日」第五五三号、二〇〇五年）と述べている。

この事実は、更生の可能性を持つ存在として非行少年をとらえる重要性を教示する。

少年院の篤志面接委員を長年にわたり

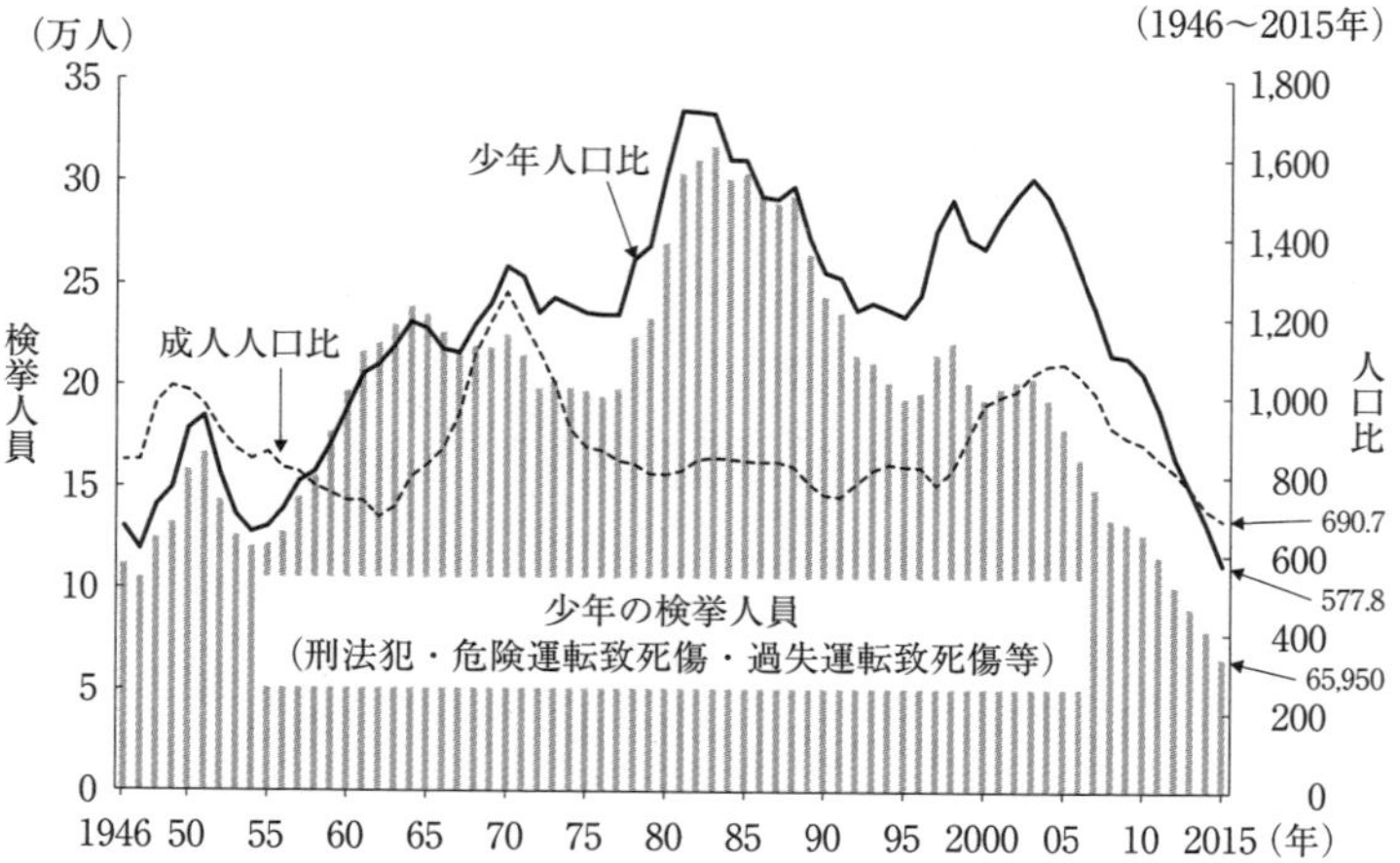

図 2-2　少年の検挙人員

出典）『平成 28 年版犯罪白書』第 3 編第 1 章、3-1-1-1 図を一部改変。

務めた作家・毛利甚八は、自身の経験から次のようにいう。

少年たちのなかには、喧嘩をした挙げ句に人の生命を奪ってしまったり、性犯罪を犯した子がいることを知っている。ところが目の前にいる少年たちの顔は、どこか漂白されたような純粋さに満ちている。拍子抜けする。

僕たちは犯罪報道によって、マスメディアが強調した加害者の禍々《まがまが》しいイメージを心の底に抱いている。犯罪を犯す過剰なエネルギーを思い描いて、加害者を特別な人間だと思い込もうとしている。

ところが少年院に行ってみると、少年たちの顔にそうした過剰な力をうかがわせる仕草はなくて、はつらつと生きるための方法を与えてこられなかった欠落感だけが目の前にあらわれる。寄辺のない無力な子どもがいるだけなのである。

（毛利甚八『少年院のかたち』現代人文社、二〇〇八年）

「はつらつと生きるための方法を与えてこられなかった」「寄辺のない無力な子ども」が犯罪にいたっているとするならば、彼らにはつらつと生きられる〝寄辺のある社会環境〟を用意することが何よりも重要ではないか。

「社会環境によって人間はつくられる」（ロバート・オウエン）のである。恵まれない社会環境のもとで育ち罪を犯した少年たちに対して、適切な社会環境が用意されれば、彼らは立派に更生し、人生の再スタートを切ることができる。

【注】

（1）斎藤次郎・芹沢俊介『この国は危ない―子どものことは子どもに習え―』雲母書房、一九九八年。

（2）山口奈々「子どもの貧困に関する一考察―三重県における外国につながる子どもの生活実態と課題―」（皇學館大学教育学部教育学科二〇一六年度卒業論文）。

（3）中野麻美『労働ダンピング―雇用の多様化の果てに』岩波新書、二〇〇六年。

（4）友枝敏雄・竹沢尚一郎・正村俊之・坂本佳鶴恵『社会学のエッセンス（新版補訂版）』有斐閣、二〇一七年。

第3章

生活の福祉

第1節　生活保護制度

1　生活保護の理念

生活保護は公費を財源（公費負担方式）とし、その四分の三を国が、地方自治体が四分の一を負担する。

「日本国憲法第二十五条に規定する理念に基き、国が生活に困窮するすべての国民に対し、その困窮の程度に応じ、必要な保護を行い、その最低限度の生活を保障するとともに、その自立を助長すること」（生活保護法第一条）が生活保護の目的である。

自立助長が法律に規定されたのは、一九五〇（昭和二五）年の生活保護法改正（一般には生活保護法の成立をここから考えることが多い）においてであるが、それは旧法の欠格条項（能力があるにもかかわらず勤労意思のない者、勤労を怠る者その他生計の維持に努めない者、素行不良な者には保護を行わない）の廃止にともない、「惰民防止」のために設けられた側面があったという。

しかし、生活保護の目的が自立助長に置かれた結果、働く能力を持つ者が結果的に排除され、生活保護を受給しないことが自立助長と考えられるようになる。(1)

こんにち、ますます自立助長が強調される傾向が強まっているが、ほんらい生活保護は「無差別平等の原則」に立脚するものだ。その点が軽視され、生活保護を受けないこと＝自立助長と短絡的に扱っていく発想は、そもそもの理念に反することにつながらないか。

2　生活保護の考え方

第1章で述べた通り、現実社会においては、誰もが失業・傷病・障害・高齢などを原因とする生活問題を抱える可能性がある。

例えば、アルバイトで働いていた人が病気になったとしよう。しばらく仕事を休まざるを得ない状況にいたる。その結果、生活費の確保もままならず、家賃や光熱水費の支払いさえ困難になった。また、医療保険未加入であったため、病院にかかることもできない。その上、扶養義務者からの経済支援も期待できず、とうとう行き詰まってしまう（これは非正規労働者のケースであるが、仮に正規雇用で働いていたとしても、病気療養が長期化すると解雇される可能性が高まる）。

このような状況にいたった人が、権利として受給できる所得保障制度が生活保護である。「国家責任による最低生活保障の原理」と「無差別平等の原理」に基づき、生活困窮にいたった理由にかかわらず保護を受けることが可能だ。

保護にあたっては、「必要即応の原則」に基づき、厚生労働大臣が定める保護基準に即して生活保護費が給付される。保護の必要性は、被保護対象のおかれる身体状況や生活状況によって異なることから、画一的に運用できるものではない。

なお生活保護の給付は、本人の申請に基づき行われる。これを「申請保護の原則」という。具体的には、福祉事務所に相談・申請をし、それを受けて申請者の生活状況について調査を実施した上で、福祉事務所が給付の要否を判断する。その際、保護を求める人に対して資力調査（ミーンズテスト）が行われる。その必要性は否定できないものの、これがスティグマを生じさせる原因となっている。

貯金などの資産・被保護者の職業能力、さらには民法上の扶養義務者からの援助などを活用しても「最低限度の生活」が営めない場合に限り給付を認める「保護の補足性の原理」が、制度の前提条件である。

3　生活保護の給付内容

生活保護の給付には、①生活扶助、②教育扶助、③住宅扶助、④医療扶助、⑤出産扶助、⑥生業扶助、⑦葬祭扶助、⑧介護扶助の八種類がある。

生活保護は現金給付を原則とするが、医療扶助と介護扶助については現物給付となっている。

生活扶助は、基本をなす扶助で、飲食物費・被服費・光熱水費・家具什器など日常生活を営む上で不可欠なニーズを満たすものである。

人間らしい生活を営む上で住居は重要だ。いうまでもなく、住まいが貧弱だと「健康で文化的な生活」の実現は困難となる。つまり、「住居は基本的人権」（早川和男）といえる。家賃保障を主とする住宅扶助は、そのような観点から運用されなければならないだろう。

義務教育就学児がいる家庭に対しては、学用品や通学用品さらには学校給食費などをカバーする教育扶助が給付される。

また、介護扶助は、介護保険法に規定される要介護者に対して、介護保険と同一の介護サービスを現物給付するものだ。

疾病や傷病による診察や入院、それにともなう投薬などの必需において現物給付されるのが医療扶助である。

生業扶助は、生業を営むために必要な生業費を手当てするものだ。さらに生計の維持につながる職業を得るための技能習得にかかる費用も、この扶助が補う範囲となっている。

分娩に必要な費用は出産扶助、葬祭にかかる経費は葬祭扶助によって保障される。

4　生活保護運用上の課題

生活保護行政の運営・実施者に対して、『生活保護手帳二〇一五年度版』（中央法規出版）はその職務態度を次のように示している。

生活保護業務に従事される各位におかれては、保護の実施要領等を骨として、これに肉をつけ、血を通わせあたたかい配慮のもとに生きた生活保護行政を行うよう、特に次の諸点に留意のうえ、実施されることを期待するものである。

1．生活保護法、実施要領等の遵守に留意すること

2. 常に公平でなければならないこと
3. 要保護者の資産、能力の活用に配慮し、関係法令制度の適用に留意すること
4. 被保護者の立場を理解し、そのよき相談相手となるようにつとめること
5. 実態を把握し、事実に基づいて必要な保護を行うこと
6. 被保護者の協力を得られるよう常に配慮すること
7. 常に研さんにつとめ、確信を持って業務にあたること

神奈川県小田原市の生活保護担当職員が、「保護なめんな」という文字がプリントされたジャンパーを着用し業務にあたっていたことを、二〇一七年一月一七日付の朝日新聞デジタルがジャンパーの写真つきで報じた。

ジャンパーの胸に縫いつけられたワッペンには、「HOGO NAMENNA」との刺繍があり、さらに大きく書かれた「悪」に「×」印が描かれている。

保護費の不正受給を許さないという趣旨で、職員が自費でつくったもののようである。後に市長が不適切であったと公式会見を開き謝罪した。

彼らのやり方は、生活保護実施の職務態度から見て、大きな課題がある。生活保護の適正運

用は重要だが、だからといって安易に「被保護者の立場を理解し、そのよき相談相手となるようにつとめる」姿勢の放棄は許されない。

ケースワークの母と呼ばれるメアリー・リッチモンド（Mary E. Richmond）は、「貧しい家庭の喜びや悲しみ、ものの考え方や感じ方、そして人生観全体といったものについて、親密にそして継続的に理解し共感すること」(2)の大切さを、自身の経験から説いている。

そのような態度が生活保護ケースワークにおいても欠かせない。リッチモンドは、ワーカーとクライエントの間に友人関係を築くべきだと主張する。このような観点から考えた時、「生活保護なめんな」は真逆とはいえないか。

ところで、大阪市（浪速区・福島区・東住吉区・港区）は、生活保護受給者に対して顔写真が貼付された「確認カード」と称する免許証サイズ相当のカードを配布している。氏名は書かれていないものの、受給者番号の記載が見られる。保護費の誤支給や貧困ビジネス防止がその目的だという（朝日新聞デジタル二〇一七年八月二三日付）。

しかし、この方法は、生活保護におけるスティグマを助長することにつながる。また、権利としての生活保護制度にネガティブな印象を与えるものである。さらに、個人情報保護の観点からも問題が少なくない。

以上をふまえると、「血を通わせあたたかい配慮のもとに生きた生活保護行政」実施のために、生活保護措置権者のいっそうの自覚が求められる。

考えてみれば、国が進める生活保護抑制策のもとで、その至上命令を受け現業員にプレッシャーがかかっていることも事実である。このような状況下で、追い詰められた生活保護担当職員が、「生活保護なめんな」にいたったとするならば、不幸としかいいようがない。それは、制度のゆがみを物語るものであろう。

第2節　生活困窮者自立支援法

1　生活困窮者自立支援法の目的

この法律は、生活保護にいたる可能性が高い生活困窮者（生活困窮者自立支援法においては、「現に生活に困窮し、最低限度の生活を維持することができなくなるおそれのある者」をそう呼んでいる）に対して、「自立相談支援事業」を中心に包括的かつ継続的な支援を行うことを目的とする。

つまり、生活保護受給にいたるのを防ぐための「第二のセーフティネット」としてこの法律は位置づけられ、地方自治体に設けられている相談窓口を中心に対象者が抱える生活上の困難を把握し、その解決に向けて包括的かつ継続的に支援を実施する制度だ。

これは法律名の通り、自立を前提としたしくみであり、自立が見込める者を対象としている。しかし、自立＝他の力をかりることなく、また他に従属することなしに存続すること（日本国語大辞典第二版）を過度に求めても、それを果たし得ない人がいる点を制度に織り込んでおかなければならないだろう。

リーマン・ショック（二〇〇八年）以降、被保護世帯の中でも稼働年齢層の割合が拡大し、その対応が喫緊の課題となったことが、この法律制定の背景にあるといわれる。

そもそも稼働年齢層の生活保護受給者増加は、雇用の劣化（正規雇用の縮小と非正規雇用の固定化）にその主たる原因をみなければならない。したがって、雇用政策に軸足をおいた対策を講じない限り、被保護世帯を減らすことは不可能であると筆者は考える。

2　生活困窮者自立支援制度の内容

図3-1に示される通り、まず相談からこの制度の利用がはじまる。

地方自治体に設置された自立相談支援機関の相談支援員が、相談者のニーズを把握し、それをもとにアセスメントを行い、具体的な自立支援計画が策定される。

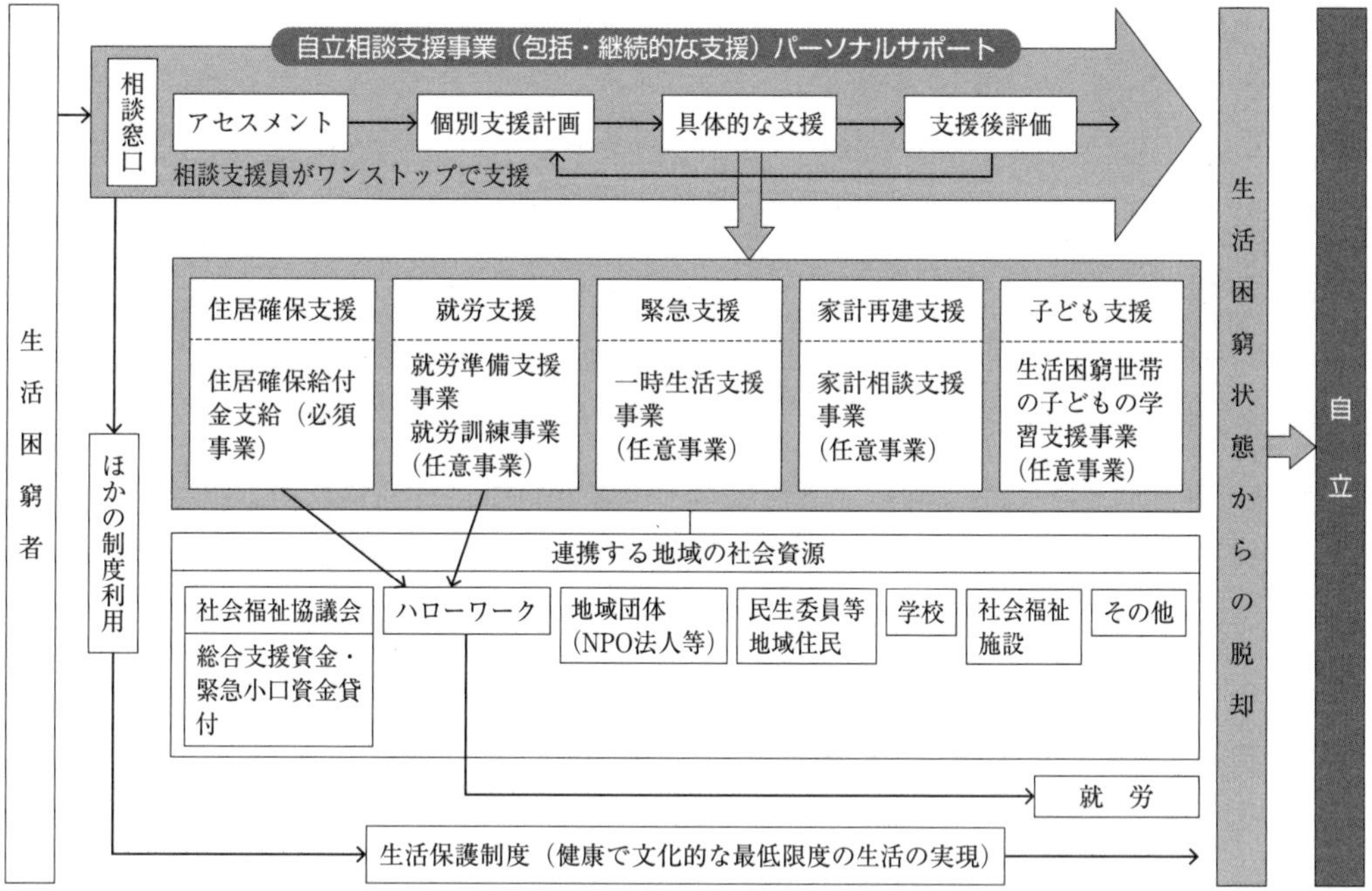

図 3-1　生活困窮者自立支援制度の概要

出典）『2017 年度版医療福祉総合ガイドブック』医学書院、2017 年、99 ページ。

具体的な支援内容としては、①住居確保支援、②就労支援、③緊急支援、④家計再建支援、⑤子ども支援である。

離職などを原因とする経済的困窮により住居を失った者あるいは失うおそれがある者に対して、就職活動を行うことを前提に賃借料の実費額を支給するのが住宅確保支援だ。

就労支援は、例えば長期離職者や心身状況により就労が困難な人、さらには〝引きこもり〟の人など、ただちに一般企業などでの就労が難しい人に対して、就労に必要な基礎的能力習得の機会を設けることや就労訓練事業（中間的就労）を提供するものである。

失業、債務などが要因で家計収支上問題を抱える人について、その解決に向けて相談を受け付け、再建に必要な公的制度の活用や法テラスなどの関係機関への接続、さらには貸し付けのあっせんを行う事業を家計再建支援と呼ぶ。

子ども支援は、学習支援事業を中心とし、生活に困窮する家庭からの養育相談などにも対応し、対象児の居場所づくりを通して、「貧困の連鎖」を防ぐことを目的とする。

学習支援に取り組むＮＰＯ法人さいたまユースサポートネット代表の青砥恭が、学びは貧困対策の要である（「朝日新聞」二〇一六年五月五日付朝刊）と指摘するように、生活困窮者自立支援政策の中でもこれはとりわけ重要だ。

ところが、これを実施する自治体がなかなか増えないことや運営上の課題が山積している。抜本的なてこ入れが必要だろう。

実際の学習支援の場においては、学習指導にとどまることなく、生活のケアにまでその活動はおよぶ。つまり、家庭や学校を補完する子どもの居場所機能を担っているのだ。

以上からわかるように、生活困窮者自立支援法の到達点は「自立」にある。対象者の自立を阻んでいる社会構造を見据えた支援が何よりも重要だ。

【注】

（1）池谷秀登「生活保護における自立助長と自立支援」（岡部卓・長友祐三・池谷秀登『生活保護ソーシャルワークはいま―より良い実践を目指して―』ミネルヴァ書房、二〇一七年）

（2）岩崎晋也・池本美和子・稲沢公一『資料で読み解く社会福祉』有斐閣、二〇〇五年。

第4章　障害者の福祉

第1節　障害者差別禁止と合理的配慮の提供

1　障害者の権利に関する条約

二〇〇六（平成一八）年一二月、国連総会において「障害者の権利に関する条約」が採択された。その第一条には、次の通り条約の目的が示されている。

この条約は、全ての障害者によるあらゆる人権及び基本的自由の完全かつ平等な享有を促進し、保護し、及び確保すること並びに障害者の固有の尊厳の尊重を促進することを目

的とする。（政府訳）

自由かつ平等の享有は基本的人権であり、それを障害者に保障するとともに、障害者の固有の尊厳すなわち障害という特性を認めるところに条約の画期的意義があった。

条約は、前文と全部で五〇条から成り、市民的・政治的権利、教育を受ける権利、保健や労働・雇用の権利、社会保障を受ける権利、余暇活動へアクセスする権利などが規定されている。

わが国は、二〇〇七（平成一九）年九月にこれに署名し、二〇一四（平成二六）年に批准した。批准にあたって、障害者基本法の改正と同時に、障害者雇用促進法に障害者に対する差別の禁止や合理的配慮にかんする規定が盛りこまれる。

2　障害者に対する合理的配慮

二〇一三（平成二五）年六月には、障害者差別解消法（障害を理由とする差別の解消の推進に関する法律）が成立し、①障害を理由とする差別禁止や権利侵害防止、②社会的障壁の除去を怠ることによる権利侵害の防止、③差別禁止や権利侵害防止のための国の啓発や知識普及が規定される（図4-1）。

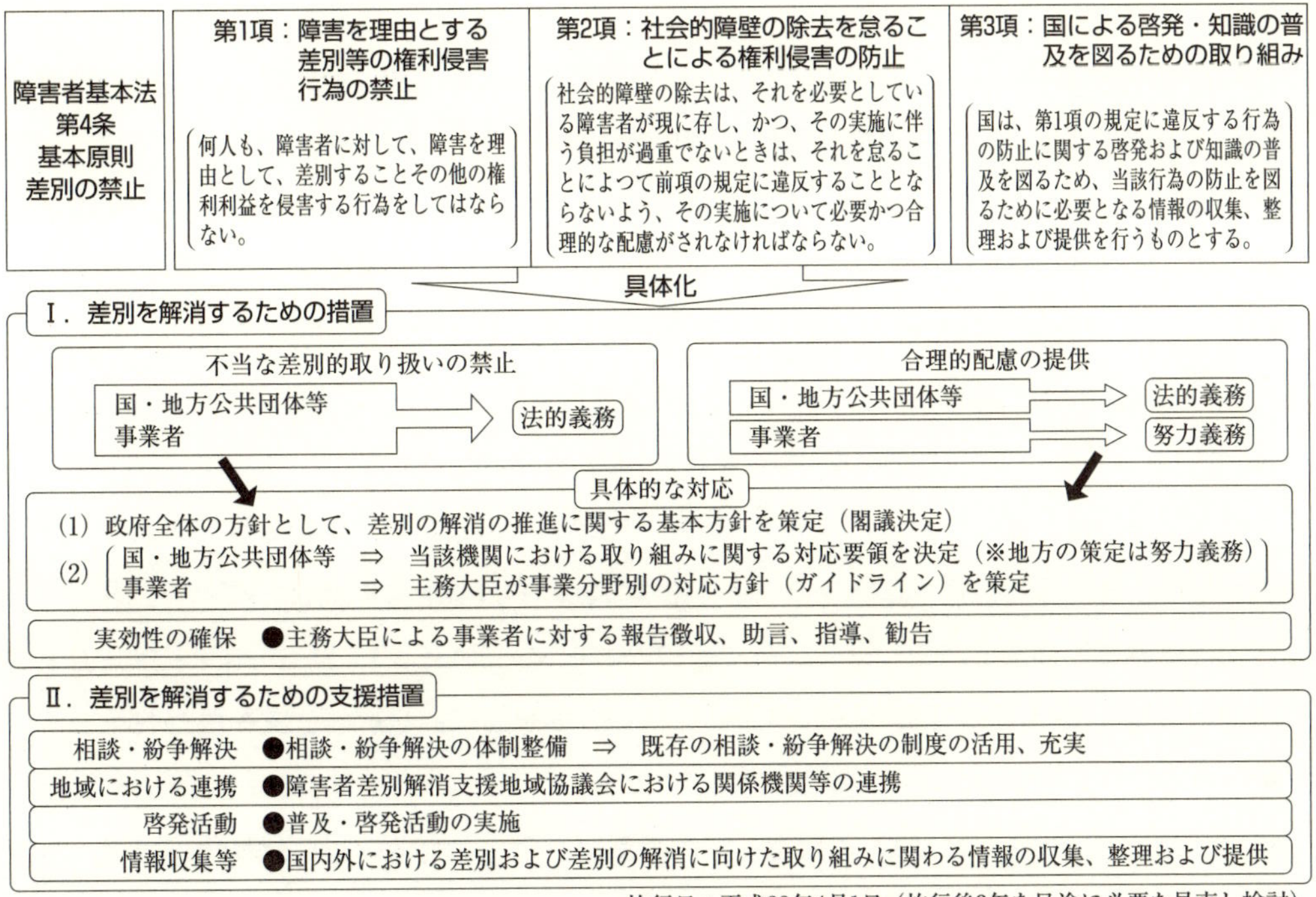

施行日：平成28年4月1日（施行後3年を目途に必要な見直し検討）

図 4-1　障害を理由とする差別の解消の推進に関する法律の概要

資料）内閣府

出典）『国民の福祉と介護の動向 2017／2018』厚生労働統計協会、2017 年、119 ページ。

この法律の全面的施行は二〇一六（平成二八）年四月一日である。障害者が障壁を感じることなく生活できるよう合理的配慮を提供する旨を国や地方公共団体、さらには民間企業などに義務づけた。

しかし、罰則がなく、また民間企業にかんしては努力義務にとどまっている。そのため、「商品購入や交通・建物の利用など日常生活や社会生活において、民間事業者との関わりは広範であり、この場面で努力義務にとどまれば、差別解消の趣旨は全うされないことになる」（日本弁護士会「障害者権利条約の完全実施を求める宣言」二〇一四年一〇月三日）との批判がある。

合理的配慮とは、例えば車いす使用者や補助犬同伴者を理由に公共施設の利用を断ったり、飲食店などへの入店拒否などの禁止をさす。それは障害者に対する差別にあたる。

文部科学省は、合理的配慮の提供にかんする指針を各大学に二〇一五（平成二七）年一一月に通知。配慮の例として、「理工系の実験ができない学生に個別の実験時間を設けたり、アシスタントを付けたりする」などを挙げた。

二〇一七（平成二九）年には、内閣府が障害種別ごとの「合理的配慮の提供等事例集」を発表した。例えば、市役所などで「申請書類の記入に長い時間を要するので、役所に行ってからその場で記入するのは気が引けてしまう」精神障害者に対して、「外部に持ち出しても問題の生じない内容であったことから、事前に申請書類を送付しておき、役所に来るときに記入済のものを持参していただくことにした」というケースが取り扱われている。

第2節　障害者総合支援法と障害（児）者の生活

1　障害者総合支援法

障害者自立支援法（二〇〇五年）は、措置制度のもとで行われてきたサービス供給を支援費制度へと変更すると同時に、障害の種別（身体障害・知的障害・精神障害）にかかわらずサービスを一元化し、「障害者が地域で暮らせる社会」をめざすものであった。

支援費制度のもとでのサービス利用は、応益負担に基づいていたため、サービス利用量に応じた利用者負担が求められ、結果として重度障害者の負担増を招き、障害者の生存権保障という観点から批判が集まった。

そこで、民主党・社会民主党・国民新党による連立政権において、障害者自立支援法を廃止し、応益負担を改め応能負担を基本とする「障がい者総合福祉法（仮称）」の制定が合意された。

二〇一二（平成二四）年六月、障害者総合支援法（障害者の日常生活及び社会生活を総合的に支

自立支援給付

障害福祉サービス

介護給付
・居宅介護
・重度訪問介護
・同行援護
・行動援護
・重度障害者等包括支援
・短期入所（ショートステイ）
・療養介護（通所）
・生活介護（通所）
・施設入所支援

訓練等給付
・自立訓練（生活訓練・機能訓練）
・就労移行支援
・就労継続支援（A型、B型）
・共同生活援助（グループホーム）

・計画相談支援給付
・地域相談支援給付
（地域移行支援・地域定着支援）

自立支援医療
・更生医療
・育成医療
・精神通院医療

補装具

障害児に対するサービス

障害児通所支援（市区町村実施）
・福祉型児童発達支援
・医療型児童発達支援
・放課後等デイサービス
・保育所等訪問支援

障害児入所支援（都道府県実施）
・福祉型障害児入所施設
・医療型障害児入所施設

地域生活支援事業

（市区町村実施）
・理解促進研修・啓発事業
・自発的活動支援事業
・相談支援事業
・成年後見制度利用支援事業
・成年後見制度法人後見支援事業
・意思疎通支援事業
・日常生活用具給付等事業
・手話奉仕員養成研修事業
・移動支援事業
・地域活動支援センター機能強化事業
・その他の事業
（都道府県実施）
・専門性の高い事業
・広域的な支援事業
・その他の事業（研修事業を含む）

図 4-2　自立支援給付と地域生活支援事業等の全体像

出典）『2017 年度版医療福祉総合ガイドブック』医学書院、2017 年、162 ページ。

援するための法律）が成立する（図4-2）。

この法律の理念は、第一条の二に次の通り示されている。

障害者及び障害児が日常生活又は社会生活を営むための支援は、全ての国民が、障害の有無にかかわらず、等しく基本的人権を享有するかけがえのない個人として尊重されるものであるとの理念にのっとり、全ての国民が、障害の有無によって分け隔てられることなく、相互に人格と個性を尊重し合いながら共生する社会を実現するため、全ての障害者及び障害児が可能な限りその身近な場所において必要な日常生活又は社会生活を営むための支援を受けられることにより社会参加の機会が確保されること及びどこで誰と生活するかについての選択の機会が確保され、地域社会において他の人々と共生することを妨げられないこと並びに障害者及び障害児にとって日常生活又は社会生活を営む上で障壁となるような社会における事物、制度、慣行、観念その他一切のものの除去に資することを旨として、総合的かつ計画的に行わなければならない（傍線は筆者）。

この理念を見ればわかるように、障害者総合支援法は、障害者の権利に関する条約を批准（わが国の批准は二〇一四年一月二〇日）するための国内法の整備という側面を持っている。

これまで障害者福祉の対象は、身体障害・知的障害・発達障害を含む精神障害であったが、この法律においては、そこに治療方法が未確立の疾病その他特殊の疾病を追加した。

また、障害の特性や心身の状態に応じて必要とされる標準的な支援を総合的に示す基準である「障害支援区分」を設け、これに基づいて利用できるサービスの種類や量を決定するしくみが導入された。別の見方をすれば、障害支援区分によって障害者の生活は分類化され、規定されるといってもよい。

2　障害児の教育

障害者の権利に関する条約の理念の中に、「障害の有無によって分け隔てられることなく」という文言が見られるが、実際はどうであろう？

例えば、「特別支援」という名のもとでの分離教育は、解消されていない。それどころか、文部科学省が毎年行っている学校基本調査によると、特別支援学校は年々増加する一方である。ここ五年間（二〇一二～二〇一六年）で七六校増、条約批准後四五校増と、確実に学校数が多くなっている。

背景には発達障害を中心とした障害児の増加があると指摘されるが、それは障害の種類を細分化してきた結果ではないか。インクルーシブ教育（障害の有無にかかわらず、すべての子どもが地域の学校において学ぶことを前提とする教育）には程遠い現状が見られる。

障害児の発達を保障するために、分離教育のもと行われている特別支援教育の必要性を主張する意見もあるだろう。しかし、「特別支援」を口実に、通う学校を分け、異なった教育を行うのは差別以外の何ものでもない。

「子どもを友達から切り離して、ひとりだけ大事にしたつもりになるということは、みんなと生きる、という可能性にふたをすることですから、たいへん非人間的なことだ、というべきでしょう(1)」と心理学者・乾孝が論じるように、他者との関わりは教育の大前提である。

通常学級の中で、いろいろな特性を持った子どもたちがせめぎあって過ごすチャンスを、障害児の生活から奪ってはならない。

脳性マヒによる四肢機能障害がある作家の松兼功は、自身が養護学校で過ごした経験をふり返り、「（養護学校での生活は）自らの障害の厄介さを意識しなくてもすむ居心地のいい環境だった。でも反面、そこで私たちもまた障害をもたない人との違いを把握し、その対処の仕方に慣れることができなかった。養護学校を卒業し、実社会に出た時、そんな双方の慣れの不足が、身体の不自由さに勝るとも劣らぬ厄介な障害を生み出してしまう」(2)と指摘する。

ここでいう「厄介な障害」とは、〝心のバリア〟すなわち心理的バリアのことをさす。教育の場面で分けておきながら、卒業後の社会で「共生」を求めてもそれは困難である。

ドキュメンタリー「みんなの学校」(関西テレビ放送制作、二〇一四年)で著名になった大阪市立大空小学校元校長・木村泰子の次の言葉が私たちに問いかけているものは何だろう?

支援の必要な子どもたちはたくさんいるので、支援教育はとても大事です。しかし、「特別」という言葉がつくと、ブレるような気がします。何か特別扱いして切り離さなければならない感覚になる。そうすると、それは子どもにとって本当の支援と言えるのか。

(木村泰子『「みんなの学校」が教えてくれたこと―学び合いと育ち合いを見届けた三二九〇日』小学館、二〇一五年)

3 障害者の就労

障害者が社会参加する機会の確保にかんしても、いっそうの社会的努力が求められる。すべての生活場面において社会参加は果たされなければならないが、その中でも就労の機会は重要だ。

厚生労働省が五年ごとに行う「障害者雇用実態調査」によると、従業員規模が五人以上の事業所に雇用される障害者数は、二〇一三（平成二五）年度で六三万一〇〇〇人（身体障害者四三万三〇〇〇人、知的障害者一五万人、精神障害者四万八〇〇〇人）だった。そのうち正規で働いているのは、身体障害者五五・九％、知的障害者一八・八％、精神障害者四〇・八％である。

二〇一六（平成二八）年四月に、障害者の雇用の促進等に関する法律の一部が改正され、法定雇用率の引き上げならびに算定基礎の対象に精神障害者が加えられた。

中小企業家同友会・企業環境センターが、加盟企業を対象に二〇一七（平成二九）年四〜六月にかけて行った障害者雇用についての調査によると、障害者を雇用したことのある企業は四三・九％にとどまったものの、今後雇用を考えている事業者は二七・一％にのぼった。さらに、障害者を採用した理由についても対象事業者にたずねているが、そのトップは「企業としての社会的責任のため（三四・九％）」であった（「中小企業家しんぶん」二〇一七年九月五日付、中小企業家同友会全国協議会）。

就労を希望している人が、障害を理由にそれがかなわないとするならば、それは社会の怠慢である。国の施策の拡充と、受け入れる側の企業の努力が求められる。

知的障害者の雇用に積極的な日本を代表するチョーク会社・日本理化学工業株式会社（神奈川県）の大山泰弘会長は、「人は仕事をすることで、ほめられ、人の役に立ち、必要とされるからこそ、生きている喜びを感じることができる」[3]と述べているが、働くことは生計を維持するための手段であるばかりでなく、自己実現につながるものだ。

一般労働市場において、思うように就労の機会が得られない障害者などを対象とした「ソーシャルファーム」というビジネスモデルが、近年注目を浴びている。

その推進論者の炭谷茂によると、「通常の労働市場では仕事が見つかりにくい人を対象」とし、「ビジネス的な手法を基本とし市場原理に基づ」き、「利潤を外部に出さない」事業形態をソーシャルファームと呼ぶ[4]。

ソーシャルファームは、「ソーシャルインクルージョンの鍵となる『第三の職場』[5]」だと炭谷は指摘するが、そもそもソーシャルインクルージョンは、「第三の職場」においてではなく、一般労働市場で果たされるべきだと筆者は考える。

4　人類みな自閉論

小澤勲『自閉症とは何か』（洋泉社、二〇〇七年）を読んでいると、自閉症が精神科医の〝飯の種〟のためにつくり出されたものであることがわかる。

自閉という症例を報告したのはアメリカの児童精神科医・カナー（Leo Kanner）だ。小澤によると、カナーは児童精神科医の患者を確保するために、一九四三年に自閉症の子どもの存在を公にしたという。以降、同じような症例が次々と発表される。

自閉症の特徴は、「対人関係の障害（視線が合わない、呼んでもふり向かない、一人で満足しているようにみえる、集団行動がとれないなど）、言語発達の障害（言語発達が遅れる、オウムがえしなど）、強迫的・儀式的な行動（おもちゃの自動車を走らせるよりも車輪の回転だけを楽しむなどの特有の遊び方、興味の限局、ものの配置へのこだわりなど）」（森上史朗・柏女霊峰編『保育用語辞典第三版』ミネルヴァ書房）にあると指摘される。「人の気持ちが理解できない」「特定の事柄に執着する」「規則性にこだわる」などの傾向が、自閉症（児）者には強いという。

しかし、結論からいえば、このような行動特性は誰にでもある。

そもそも、他者の心情を一〇〇％読み取れる人はいないし、特定の事柄に執着するから生活が成り立っている。また、規則性を求めないと、世界は不安だらけだ（その証拠に、私たちは時間という規則性に依拠し、時計やスマートフォンが手元にないと、たちまち不安を感じる）。

そのように考えると、人はみな「自閉的傾向」を持っており、その傾向が強いからといって

〝異常〟と決めつけてしまう社会のほうが〝病んでいる〟のではないか。

筆者は多数の学生を相手に仕事をしているため、人間関係をつくるのは比較的得意であるものの、特定の状況下では対人関係を築くのが著しく苦手だ。物事に執着するという点では、完全に〝異常〟の範ちゅうに入るかもしれない。

小児科医・山田真は、自閉症＝要領が悪い人という。彼の言葉を借りるならば、「要領の悪い人はこの世の中にいっぱいいいるわけですから、どの程度の要領の悪さからを『病的』と考えるのかというと、むずかしい」（山田真・毛利子来『育育児典』岩波書店、二〇〇七年）のである。つまり、自閉と定型発達の間に線引きなどできない。

石川憲彦（児童精神科医）が、自閉症児の行動について興味深い報告を行っているので、紹介しておこう（石川憲彦『子育ての社会学』朝日文庫、一九九〇年）。

自閉症の診断を受けている小学校四年生のA君の祖母が亡くなった。葬儀の場面で彼は興奮し奇声をあげ、棺をひっくり返してしまったという。

その様子をみていた参列者は、「自閉症だから人の気持ちがわからないのだ」と嘆いたようだ。両親さえもそう思ったらしい。

石川の記述をもとに、その先を続けよう。

「A君は、遺体が灰になっても、しばらくは浮かれていました。しかし、一週間たち十日たち、おばあちゃんがいつまでたっても家に帰ってこないことに気づき始めました。『死ぬ』ことが『二度と帰らないこと』であると知ったのは、二週間後でした。彼は、ことばで説明されていた知識をはじめて実感として味わったのです」

「そのころから、彼は一ヵ月家に閉じこもりきりでした。寝る時はいつもおばあちゃんのセーターを抱いて寝ました。葬式の日に着ていた服をそれから半年間、ずっと着つづけました」

「彼にとってお葬式は、病気で落ちこんでいたおばあちゃんのために、人が大勢集まってくれる全快祝いのようにみえたのでしょう。ものごとを概念化し、生と死を抽象的な儀式の中で考えることに慣れた『正常人』には、直接事実として触れる以外に納得しない彼の理解のしかたは、わからなかったのです」

この事例を通して、私たちの自閉症（児）者理解が一面的であることを痛感する。そもそも、自閉を〝異常〟と考える発想そのものが、貧しい知性である。A君の行動は、一方的に貼られた自閉症の概念をひっくり返す、すがすがしさを持っている。

人はみな多様な特性を有している。考えてみると、自閉という特性は、すべての人に備わったものだ。程度の強弱で人を選別するような社会のあり方こそが問い直されるべきではないか。

【注】

（1）乾孝『乾孝幼児教育論集』風媒社、一九七二年。

（2）松兼功『障害者が社会に出る―その後の五人の人生』ちくま書房、二〇〇〇年。

（3）大山泰弘『働く幸せ―仕事でいちばん大切なこと―』WAVE出版、二〇〇九年。

（4）炭谷茂「わが国の雇用問題とソーシャルファームの広がり」（NPO法人コミュニティシンクタンクあうるず編『ソーシャルファーム―ちょっと変わった福祉の現場から―』創森社、二〇一六年）。

（5）同右。

第5章　高齢者の福祉

第1節　介護保険制度

1　介護の社会化

厚生労働省の調べによると、二〇一六（平成二八）年時点でのわが国の平均寿命は、女性が八七・一四歳、男性が八〇・九八歳である。ここからわかるように、いよいよ本格的な「人生八〇年時代」が到来した。

長生きそのものは喜ばしいことであるが、介護のリスクは年齢を重ねるにつれて高まる。

高齢者に対する介護は、長年にわたり家族（中でも再生産労働の担い手である女性）に押しつけられてきた。

しかし、その限界が一九八〇年代後半頃より認識されるようになり、「高齢者保健福祉推進一〇か年戦略（ゴールドプラン）」や「新・高齢者保健福祉推進一〇か年戦略（新ゴールドプラン）」、さらには「今後五か年間の高齢者保健福祉施策の方向（ゴールドプラン二一）」が策定され、介護の社会化が進められる。

これは、家庭内に生じた介護を外部化し、社会的に行うことで、家族の負担を軽減し、家族関係の維持をはかろうとする考え方である。

そのための方策として導入されたのが「公的介護保険制度」であった。このしくみが介護の社会化になり得たか否かについては後ほど述べたいと思うが、まずは制度の概要に関して整理しておきたい。

2　介護保険のしくみ

この制度においては、市町村が保険者である。その上で、国・都道府県・医療保険者・年金保険者が、市町村を重層的に支えることになっている。

被保険者は四〇歳以上の者が該当し、六五歳以上の第一号被保険者と四〇歳以上六五歳未満で医療保険に加入する第二号被保険者とに区分される。

第一号被保険者の保険料は、市町村が算定する所得段階別の定額となっており、年金からの天引き徴収が原則である。第二号被保険者にかんしては、医療保険者が医療保険料に上乗せして徴収する。医療保険同様の方法（所得比例）で保険料が算定される。

介護サービスを受けるためには、市町村に設置された介護認定審査会（保健や医療、社会福祉の専門家によって構成される第三者機関）での審査を受ける必要がある。そこで判定された要介護（要支援）度に応じて保険給付が行われる（図5-1）。

給付には、施設サービス（介護老人福祉施設、介護老人保健施設、介護療養型医療施設）・居宅サービス（訪問介護、通所介護など）・地域密着型サービス（認知症老人グループホームなど）などがある。

居宅サービスを受けるためには、ケアプラン（介護サービス計画）を策定しなければならない。一般には、介護支援専門員（ケアマネージャー）がそれを行っている。

サービスの利用にあたっては、かかった費用の一割の利用者負担が求められる。二〇一五（平成二七）年八月より一定の所得のある人についてはそれが二割に引き上げられたが、さらに現役並みの所得者に対する利用者負担が二〇一八（平成三〇）年八月に三割となることが決まっ

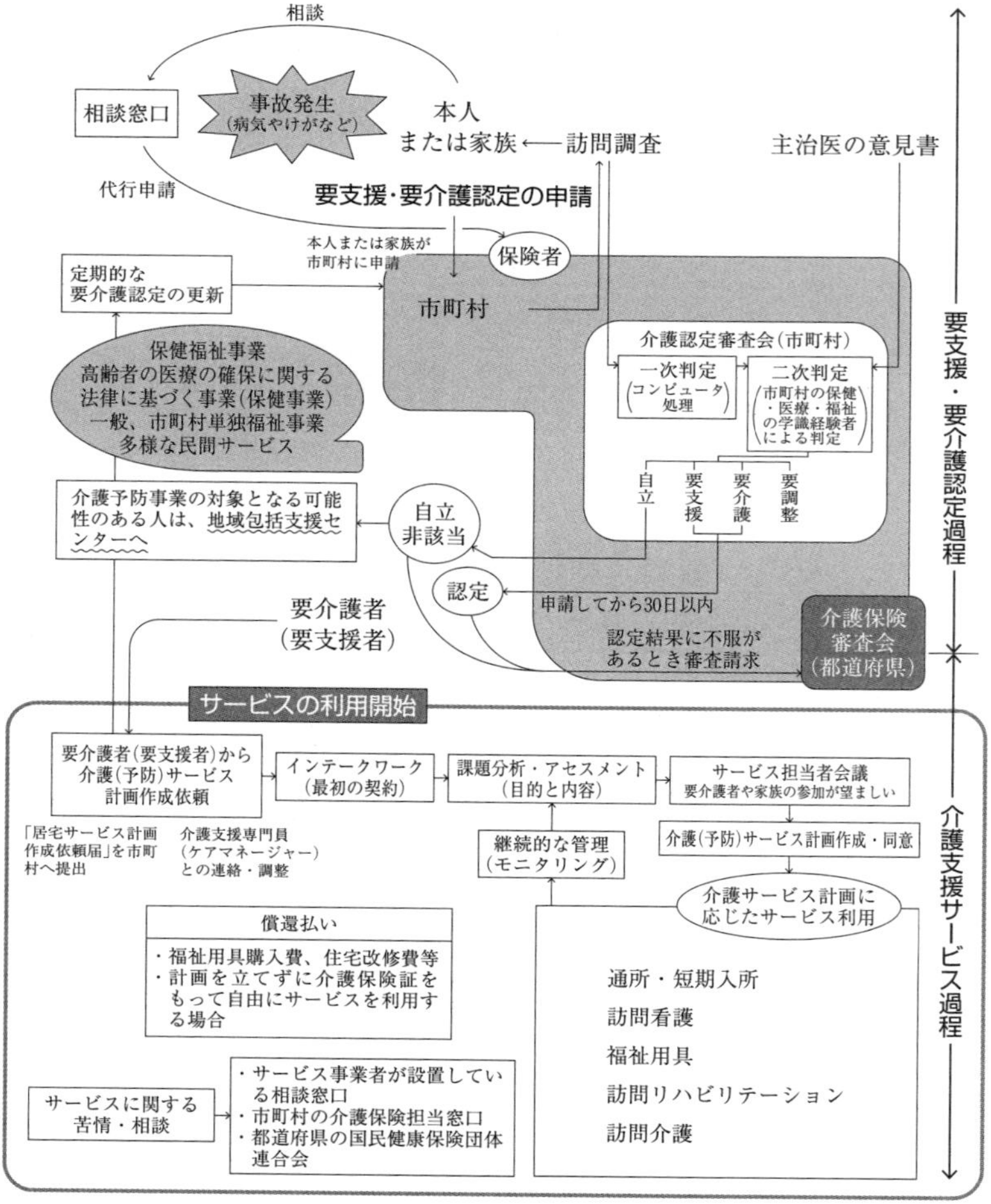

図 5-1　要介護認定とサービス利用の手順

出典)『2017 年度版医療福祉総合ガイドブック』医学書院、2017 年、134 ページを一部改変。

ている。

二〇〇五（平成一七）年の介護保険法改正で制度化された「地域包括支援センター」は、医療・介護・予防・住まい・生活支援を切れ目なく提供するもので、市町村（または市町村から委託を受けた法人）が設置主体である。社会福祉士、保健師、主任ケアマネージャーが配置されている。

3 介護保険の制度的欠陥

社会保障の財源方式には、「公費負担方式」と「社会保険方式」の二つがある。

公費負担方式とは、別に租税方式と呼ばれるもので、税金＝公費により社会保障を実施する方法だ。

それに対して社会保険方式は、保険料拠出の見返りとして保険給付が行われるしくみである。私保険とは異なり、社会保険には一部公費が投じられているものの、あくまでも保険原理に基づく。

年金保険・医療保険・失業保険・労災保険に見られるように、わが国の社会保障は社会保険方式中心である。公費負担方式は、生活保護・社会福祉・社会手当（児童手当、児童扶養手当など）に適用されているにすぎない。

介護保険が導入される（二〇〇〇年四月）以前の高齢者介護は、公費負担方式で行われていた。高齢者介護システムの社会保険化は歓迎すべきことなのだろうか？

すでに述べた通り、社会保険方式において保険給付を受けるためには、保険料の拠出が前提である。低所得などが原因であっても、保険料を支払っていなければ、必要性の有無にかかわらず受給できない。これを、保険における排除原理という。つまり、社会保険方式は、「保険料を負担できる階層を前提にした限定的制度」（里見賢治『現代社会保障論』高菅出版、二〇〇七年）である。

介護保険が導入されたことで、サービス利用時のスティグマが解消され、介護給付を受ける際に権利意識が芽生えたと評価する意見も見られる。しかし、「介護保険により、サービスを選択して利用できるようになったのは、保険料を負担しても、日常生活を維持することが可能な中・高所得者である。低所得者は、保険制度の性質ともいえる『排除原理』のもとで〝暗い〟高齢期を余儀なくされている」（吉田明弘「上野千鶴子氏に問いたい！　介護保険は希望か？」〔「週刊金曜日」二〇〇九年三月二七日号〕）のではないか。

介護保険のメンバーシップにとっての「介護の社会化」は、確かに進展したのかもしれない。

〈現行制度〉

- 社会保険方式　：　年金・医療・介護・失業・労災
- 選別的公費負担方式　：　生活保護・社会手当（児童手当・児童扶養手当・特別児童扶養手当等）

　社会福祉サービス

⇓

〈社会保障のグランド・デザイン＝転換後の制度〉

- 公費負担方式
  - 普遍的公費負担方式　：　基本年金（最低保障年金）
    社会手当（児童手当・児童扶養手当・特別児童扶養手当等）
    医療サービス・保健サービス・社会福祉サービス・介護サービス
  - 選別的公費負担方式　：　生活保護
- 社会保険方式　：　所得比例年金・失業給付・労災給付等

図 5-2　社会保障の新しいグランド・デザイン

出典）里見賢治『現代社会保障論』高菅出版、2007 年、299 ページ。

しかし、保険料の拠出が不可能である低所得者層にとっては、かえって介護サービスへのアクセスが難しくなってしまった。

社会保障制度が具備しなければならない条件は、普遍性・権利性・公平性・選択性である。介護保険は、とくに普遍性という観点から課題が少なくない。

里見賢治がいうように、介護を始め、医療や年金などすべての国民に共通する福祉ニーズにかんしては公費負担方式が望ましく、厚生年金などの所得比例年金や失業・労災など特定の者を対象とした福祉ニーズは社会保険方式で運営するのが適切だと考える（図5-2）。

第2節　高齢者の生活問題

1　高齢者の貧困

高齢者の貧困化が、大きな社会問題になりつつある。

その一端は、生活保護受給世帯（被保護世帯）における高齢者世帯の占める割合に顕著にあらわれているといってもよい。

二〇一七（平成二九）年五月に厚生労働省が公表した被保護世帯数は、一六三万九五五八世帯である。このうち高齢者世帯は、八六万九六〇世帯にのぼり、全体の五二・八％を占める。ここ一〇年だけを見ても、年々増加する傾向にある。

厚生労働省社会保障審議会特別部会委員を務める藤田孝典は、生活保護基準相当で生活する高齢者またはそのおそれがある高齢者のことを「下流老人」という造語で呼んだ。

藤田が自著『下流老人―一億総老後崩壊の衝撃―』（朝日新書、二〇一五年）において紹介している下流老人の具体的な実情は、①日に一度しか食事をとれず、スーパーで見切り品の総菜だけを持ってレジに並ぶ老人、②生活の苦しさから万引きし、店員や警察官に叱責される老人、③医療費が払えないため、病気を治療できずに自宅で市販薬を飲んで痛みをごまかす老人、④誰にも看取られることなく、独り静かに死を迎える老人などである。

では、なぜ下流老人、すなわち健康で文化的な最低限度の生活を営むことが難しい高齢者が出現しているのであろうか。

その原因について藤田は、①収入が著しく少ない、②十分な貯蓄がない、③頼れる人間がいない（社会的孤立）点を挙げている。

高齢者の主たる所得は、年金である。しかし、公的年金の受給資格がない（無年金）者や満額受給できない者がおり、低所得高齢者を生んでいる。さらに、公的年金の二階部分（厚生年金）の受給資格を持たない者も、不安定な生活状況に陥りやすい。

唐突だが「年賀状は、贈り物だと思う。」「ひとりを愛せる日本へ。」（日本郵政）や「人は貧しいという理由で死んではいけない。」（日本フォスター・プラン協会）などのＣＭコピーを書いた岩崎俊一の「人生は、冬ではなく、春で終わりたい。」（ヒルデモア）という作品を思い出した。

下流老人にとって「春」は、遠い季節である。「ひとりを愛せる日本」は、そこにない。すべての高齢者が「春で終われる」社会を築くために、高齢者福祉のグランドデザインをどう描くかが問われている。

2 生活保護の社会保険化

無年金でかつ貯蓄が少ない（もしくはない）場合、生活を維持するため働かざるを得ないものの、安定した仕事に就くのは至難の業だ。結果、生活保護申請にいたるケースが多い。しかし、生活保護に対するスティグマから、申請そのものをためらう場合が少なくないと藤田はいう。

そこで藤田は、生活保護の社会保険化を提言する。

「介護保険が成功したモデルとされているのは『保険料を支払っている以上、使わないともったいない』という感覚があるからです。生活保護もこの『もったいない』という感覚に市民意識をもっていく、ということです」（『週刊金曜日』二〇一六年一月二九日号）

保険料拠出の見返りとして保険給付が行われる社会保険にすれば、生活保護におけるスティグマが解消されるという発想であろう。しかし、藤田の主張には、社会保険制度についての誤認が見られる。

先に述べた通り、社会保険において、保険給付を受けるためには保険料の拠出が前提である。

したがって、保険料を支払っていない者に対して保険給付を行うことは制度的にできない。いわゆる「排除原理」である。

藤田は、介護保険を成功モデルととらえているが、全額公費負担で行ってきた高齢者介護を、社会保険化した結果、介護保険料の拠出が難しい人々が排除されてしまった。

このような現実をふまえると、社会保険には制度的欠陥があるといわざるを得ない。つまり、すべての国民に共通する社会福祉課題に、社会保険という制度は馴染まないのだ。

全労働者のうち非正規で働く人が四割を占める状況にあって、生活困窮のリスクはいちだんと高まっている。しかも、そのリスクはいまや全国民に及ぶものだ。

生活保護を社会保険化した場合、保険料を支払っていなかった人々は、保護そのものが受けられない。たとえ、低所得のために保険料が納められなかった場合も例外ではない。

そもそも、サービス利用時にスティグマが生じている原因は、サービス供給量の不足によるところが大きい。サービスが潤沢にあれば、必然的に利用者が増え、スティグマが解消される。

苦渋の選択であったとしても、生活保護の社会保険化は、必ずその制度からの脱落者を生み出す。それは、藤田の望むところではないだろう。

第6章

社会福祉人銘記

ロバート・オウエン

石井十次

賀川豊彦

井深八重

ヤヌシュ・コルチャック

野口義弘

バンク-ミケルセン

瓜生岩子

佐々木英治

福永昭三

ロバート・オウエン

「情愛は人間を人間化し、すべての不幸を少なくする」

〈プロフィール〉
一七七一年、イギリスのウェールズ地方で金物商を営む家庭に生まれる。幼くして学業を修めたオウエンは、一〇歳の時、自らの意志で洋服店に勤める。一八歳になったオウエンは、友人と紡績工場を立ち上げる。その後、大紡績工場の娘と恋におち結婚。二八歳で、義父が経営する会社の社長に就任する。一八一六年には、自社内に世界初の保育所といわれる「性格形成学院」を創設した。一八五八年、八七歳で死去。

一八世紀後半の産業革命期のイギリス。劣悪な労働環境のもとで、労働者は資本家に酷使されていた。その中には子どもの姿もあった。当時の労働者の平均寿命は一五歳。年端のいかない子どもたちが一日一五時間も働かされていたという。

オウエンが義父から受け継いだ紡績工場も、ご多分にもれず酷い状況にあった。長時間労働の結果、自暴自棄となった労働者の生産能力は低く、怠惰が蔓延していた。現場監督者の労働者に対する体罰は当たり前。窃盗や飲酒は常態化し、工場内は相互不信のるつぼであった。

社長に就いたばかりのオウエンの目に映ったのは、そのようなアナーキーな現実である。オウエンは、さっそく工場の改善に着手する。

「労働者に対する体罰は一切禁止だ」

「子どもたちの労働時間を短縮しよう」

「会社直営の食料品店をつくって、生活必需品を原価で労働者に提供しよう」

「怠惰な労働者の生活環境をよくするために、清潔な住居を提供しよう」

その結果、工場は相互不信のるつぼから、信頼と活力のある場へと変革を遂げていく。

しかし、このような経営方針を持っていた企業家は、当時オウエンただ一人であった。自己の利益追求のみに関心を払っていた大半の資本家は、オウエンを嘲笑する。

「自社において、労働者の生活に配慮した経営を行っても、一部の者が救われるにすぎない。私の取り組みを、他の工場にひろげていくためにはどうしたらよいのだろうか?」

このように考えたオウエンは、とくに年少児童労働者の労働実態を政府に訴え、彼らの労働時間短縮を求める。児童労働規制を法制化したイギリス工場法（一八〇二年）は、私的な利害をのりこえたオウエンの博愛精神の結実であるといっても過言ではない。

「社会環境によって人間はつくられる。だから、子どもにはよい環境を与えなければならない。

そのためには教育の役割が重要である。学校を自社工場の中につくり、教育を行い、労働者の子どもたちを素晴らしい人間に育てよう。むろん、学費は無料だ」

幼児期の教育に重点をおく「性格形成学院」が、工場内に誕生したのは、一八一六年のことであった。

ルソーの教育思想に影響を受けたオウエンは、子どもの自主性を尊重し、実物教育を行う。同時に、彼らの生活のケアにも最善の配慮を怠らなかった。

やがてオウエンは、資本主義の限界を感じ、社会主義者へと転じていく。そして、搾取のない共同体をつくるためにオウエンはアメリカに渡り、ニュー・ハーモニーといわれる理想郷づくりに励んだ。

資本家の良心に期待し、社会改良を進めていこうとしたことから、オウエンは空想的社会主義者と呼ばれる。確かに彼の思想は非現実的であったかもしれない。しかし、純粋ゆえにその考え方には信念に裏づけられた力強さがあった。

オウエンは、つねに理想を追い求める人だった。そのあまり、時に頑なになったともいわれるが、理想なきところに歴史の前進はない。

【文献】


白井厚『社会思想史断章』日本経済評論社、一九八九年。

五島茂『ロバアト・オウエン』家の光協会、一九七三年。

ロバアト・オウエン協会編『ロバアト・オウエン論集』家の光協会、一九七一年。

ロバート・オウエン著、本位田祥男・五島茂共訳『自叙伝（上）』日本評論社、一九四七年。

野口義弘

「愛は与え放し。見返りを求めたら愛ではない」

〈プロフィール〉

一九四三（昭和一八）年生まれ。一九九五（平成七）年に有限会社野口石油を設立する。現在、代表取締役。福岡県連合協力雇用主会会長。経営する三店舗のガソリンスタンドで、保護観察中や少年院を退院した少年を雇用し、就労支援を行う。第四九回吉川英治文化賞を受賞。二〇一四（平成二六）年には、役員報酬を返上し、自前で非行少年を雇用する功績に対して、第一回現代のロバート・オウエン賞がおくられた。


福岡県北九州市に、非行少年をのべ一〇〇〇人以上雇用してきた野口石油というガソリンスタンドがある。

社長の野口義弘は、自社に強盗に入った一六歳の少年に罪を償わせ、少年鑑別所から出てきたその少年を自社で雇用した。

「あのおじさんなら、助けてくれる」

そんな評判が広まり、同じような境遇に置かれている少年が、野口のもとに集まった。

「少年たちは、無職、無就学の、家庭や親の愛情不足で、周りがだれも相手にしてくれない、居場所のない、本当にかわいそうな少年であるということを知りました」

野口は、就職面接をした少年を必ず雇用する。断れば、彼らが自己否定感を強め、再起を図る意欲を失うからだ。

少年たちの多くは、家庭環境に恵まれなかったことが原因で、基本的生活習慣が身についていない場合が多い。したがって、採用されたものの仕事に対する心構えがなかなか持てず、結果無断欠勤を重ねる者も少なくない。

しかし、野口は少年を見限ることなく、毎日家まで迎えにいく。雨の日も風の日も、野口は祈るような思いで、くり返し足を運ぶ。玄関のチャイムを押して応答がなければ、「心配しているよ」と温かい言葉を記したメモを残す。

「迎えにいくことによって、少年は行こうという自立心を持つのです」

そんな野口の姿勢に気持ちが動き、働きながら自分を見つめ直し、更生を果たす少年は数限りない。

南将平（二〇歳）もその一人だ。家庭に帰らず、夜通しバイクで街を暴走した。学校の先生や警察官にまで殴りかかった。福岡県警少年サポートセンターの紹介で、南が野口石油に採用されたのは、一七歳の時である。しばらくして、嫌々働いている態度を先輩社員に注意された。南はムカついた。

「誰よりも仕事ができるようになって、その時点で店を辞めたら他の従業員が困り、店に対する仕返しになるだろう」

そう考えた南は、懸命に仕事に取り組んだ。その働きぶりを見ていた野口は、「最近頑張っとるやないか」とほめた。

「他人からほめられたのは、生まれてはじめてだった。うれしくて、さらに仕事に打ち込みました」

しかし、南のように更生にいたる少年ばかりではない。野口にひと言も告げずガソリンスタンドを飛び出し、半ば行方知らずになる少年もいる。また、再び犯罪に手をそめる少年もいる。

「少年たちはいつか自分自身をふり返ります。そして必ず自分の行為を考え直す時がきます」

そんな野口の発言に対して、筆者は「親身になって少年たちに尽くしたのに、それでは野口さん自身が報われないのではありませんか?」と率直にたずねたことがある。すると、「愛は与え放しです。見返りを求めたら、それは愛ではないと思うのです」という答えが野口から返ってきた。

「更生のかぎは、愛情を注ぐことと居場所を与えることです」

「自分の気持ちを理解してくれたと感じた時、心を開いてくれることを少年たちから学びました」

「信じる」。筆者が野口からもらった色紙には、こう書いてある。

【文献】

「西日本新聞」二〇一一年四月八日付朝刊。
「毎日新聞」二〇一二年四月二九日付朝刊。

石井十次

「天は父なり。人は同胞なれば、互いに相信じ、相愛すべき」

〈プロフィール〉
一八六五（慶応元）年生まれ。医者をめざし、岡山県立の医学校に入学。同時に洗礼を受けクリスチャンとなる。医学の勉強をする傍ら、診療所の手伝いをしていた折、貧困家庭の子どもの面倒をみたことがきっかけとなり、孤児救済事業に乗り出す。孤児教育に専念したいという気持ちから、医学の道を自ら放棄した。独自の教育法を「岡山孤児院十二則」と呼び、実践した。わが国における「児童養護の父」と呼ばれる。一九一四（大正三）年没。

石井十次の孤児救済事業を支えた大原孫三郎は、倉敷紡績（岡山県）の二代目経営者である。十次に影響を受けた孫三郎は、自社内に尋常小学校を設け、さらには大原社会問題研究所や大原美術館をつくった。孫三郎の功績については、兼田麗子『大原孫三郎—善意と戦略の経営者』（中公新書、二〇一二年）を参照されたい。

十次が岡山基督教会の助けを得て開設した岡山孤児院は、濃尾大震災（一八九一年）や東北大凶作（一九〇五年）の被災児らを受け入れ、収容児は膨らむ一方であった。その結果、孤児は約一二〇〇人に達し、施設の収容能力は限界となる。

「ここでは、理想とする教育はできない」

そう考えた十次は、広大な土地が得られる郷里・宮崎県への孤児院移設を、支援組織である岡山孤児院評議員会の反対を押しきって実行する。この計画に賛成したのは、孫三郎ただ一人であった。岡山孤児院の建物は解体され、そのほとんどが新天地へと運ばれ、茶臼原孤児院として再建を見る。

岡山孤児院に、牛太郎と呼ばれる一〇歳の男児がいた。家計を支えるため、牛太郎は尋常小学校二年生の時に石材店に奉公に出される。ところが、親方は満足な食事を与えず、牛太郎を酷使した。堪りかねた牛太郎は、そこから逃げ出し親元に帰るものの、すでに両親ともに行方不明であった。

〝浮浪児〟となり、盗み食いをして生活をしのいでいた牛太郎を十次は孤児院で保護する。

「子どもには、食べ物をいっぱい食べさせろ。そうすれば盗みはなくなる」

これを十次は満腹主義と呼んだが、牛太郎には通用しなかった。孤児院に来てからも、牛太郎は近隣の畑の作物をひんぱんに盗むありさまであった。

「善行あらば賞し、悪為あれば戒む。而してこれを為すに無人密室の内において為す」

十次は、牛太郎を自分の部屋に呼び座らせ、同じように自分も正座して牛太郎に問いかけた。

「さあ、話してみなさい」

「石井のお父さん、僕、また悪いことをしてしまいました」

話を聴いていた十次は、牛太郎の前に、ふかしたてのサツマイモを差し出し、「二人で食べよう」といった。叱られると思っていた牛太郎は驚いた。

牛太郎といっしょにサツマイモを頬張りながら、十次は牛太郎にたずねた。

「おまえは、自分の名前が好きか？　いやだと思っているんだろう？」

牛太郎は、下を向いて「はい」と答えた。図星だった。「牛なんていう名前をつけられたために、みんなからバカにされ、親を恨んできた」と牛太郎は告白する。

「牛太郎や。自分の名前どおりに生きるんだ。牛は、大地をどっしり踏みしめて歩く。どうどうとした生き物なんだよ」

無言でうつむいている牛太郎の肩に手を置き、十次は手元に持っていた幾種類もの押し花を差し出した。

「ここにあるのはみんな雑草だ。でも、全部名前がついている。ということは名づけ親の人間を通して、神様から名前をいただいているんだ。この世に存在する意味のないものは一つもない」

名前に劣等感を抱き、親から見放され、盗みに走った牛太郎に、この瞬間、神のご加護があった。やがて、牛太郎は、十次のよき理解者へと成長を遂げる。

【文献】

横田賢一『岡山孤児院物語—石井十次の足跡』山陽新聞社、二〇〇二年。

和田登『石井のおとうさんありがとう』総和社、二〇〇四年。

＊写真提供　社会福祉法人石井記念友愛社

バンク＝ミケルセン

「当然あるべき姿を、
当然のものとして実現しただけだ」

〈プロフィール〉
一九一九年、デンマーク・ユトランド半島中西部に店を構える紳士服商の次男として生まれる。一九三五年、高校に入学。学生生活を謳歌すると同時にマルクス主義に強い関心を示す。同級生の女性と恋におち、それが原因で退学となる。コペンハーゲン大学法学部卒業（一九四四年）後は、地下新聞の編集に関わり、レジスタンス運動に参加する。ナチスにより投獄、釈放の後、デンマーク社会省に入省。一九九〇年、癌のため死去。七一歳だった。

ノーマライゼーションの父と呼ばれるバンク＝ミケルセンは、ナチス・ドイツに対するレジスタンス運動（抵抗運動）に加わり、ナチスにより投獄される。釈放後、大学で学んだ法律を活かす道を考え、デンマーク社会省への就職を希望する。知人の斡旋により、社会省の課長との面接が叶う。

「精神薄弱福祉課に職員の空きがあるので、そこで働く気はないか?」

「私が社会省でしたい仕事は、そのような分野の仕事ではないのです」

「そのうち部署移動の可能性もあるので、取りあえず就職したらどうか?」

バンク-ミケルセンは、気を取り直して精神薄弱福祉課へ入省する。一九四六年のことである。

「バンク-ミケルセン君、国内の精神薄弱児施設を視察してきてくれ」

そう精神薄弱福祉課長に命じられたバンク-ミケルセンは、全国各地の施設を訪問する。

そこで彼が見た光景は、おおよそ次のようなものであった。

一般社会から完全に隔離された精神薄弱児（現在では、知的障害児という）が、一つの巨大施設に一五〇〇人以上も収容され、自由が許されない環境の中で、まるでモルモットのように扱われていた。

いまでは信じられないが、知的障害は遺伝するという立場から、彼らに対する避妊手術が強要されていた時代である。

「適切な援助があれば、精神薄弱児を施設に収容しなくてすむのではないか?」

こう考えたバンク-ミケルセンの主張は、知的障害児を育てる親の願いと一致した。

「第二次世界大戦は、社会も人も混乱していた。戦後はその反動から、生活の向上を願う風潮が出てきた。社会省としても、福祉の諸政策を見直そう」

そこで、彼は、知的障害児（者）に〝普通の生活〟を保障することを目的とした法律づくりに乗り出す。

「知的障害を持っていても、その人は一人の人格を持つものであり、ノーマルな人々と同じように生活する権利を持つ」

このような理念を、バンク-ミケルセンは、ノーマライゼーションと名づけた。

法律は、一九五九年に国会で成立する。

「ノーマルな人間というのは、どのような人のことか、私にはわかりません。しかし、障害のない人が普通に過ごしている通常の生活状態については わかります。私は、そのことをいっているのです」

「ノーマライズするというのは、生活条件のことをいっているのです。障害そのものをノーマルにすることではありません」

バンク-ミケルセンという偉大な行政マンによって灯りがともされたノーマライゼーション思想は、こんにち社会福祉の理念として定着した。

「家庭内で子どもに限りない愛を与えた父、社会では社会的弱者の権利を公平に認めなければならないと説いた父を誇りに思う」

バンク-ミケルセンを父に持った長男の言葉である。
バンクミケルセン記念財団理事長を務める千葉忠夫が著した『世界一幸福な国デンマークの暮らし方』や『格差と貧困のないデンマーク―世界一幸福な国の人づくり―』（いずれもＰＨＰ新書）はミケルセンの理解につながる。

【文献】

花村春樹『「ノーマリゼーションの父」Ｎ・Ｅ・バンク-ミケルセン―その生涯と思想―』ミネルヴァ書房、一九九四年。

賀川豊彦

「神様はこんな無価値な私の人生の中にも住んでいる」

〈プロフィール〉

一八八八（明治二一）年、神戸市に生まれる。四歳の時に父が赤痢で死亡。翌年には、母も亡くなる。一九〇一（明治三四）年、胸部疾患の診断を受ける。一九一二（大正元）年、神戸の貧民窟内に一膳めし屋「天国屋」を開業。米プリンストン大学に留学するため、一九一四（大正三）年八月、神戸から出航する。その前年に、はると結婚。一九二〇（大正九）年に出版した『死線を越えて』がベストセラーとなる。戦後は国会議員として活躍。一九六〇（昭和三五）年没。

賀川豊彦は、労働者の生活の安定を図ることを目的に、一九二〇（大正九）年、神戸購買組合を設立。後に灘神戸生活協同組合（現在のコープこうべ）へと発展した。

「愛と協同の精神」、「一人は万人のために。万人は一人のために」。これは、生活協同組合（生協）の理念である。賀川は、和製生協の生みの親といってよい。「コープさん」の誕生である。

また賀川は、わが国における労働組合運動の指導的役割を担う。

一九二一（大正一〇）年に神戸の三菱・川崎両造船所で起こった大争議に関わり、約三万人の労働者を率いて、デモを行った。「労働者の力はただ団結にあるのであり、それを支えるのは労働者の人間としての自覚と正義と愛である」と考えていたからである。

「目覚めよ日本の労働者　過去の因襲打ちやぶり　世界改造遂ぐるまで　克己（こっき）勉励努力せよ　汗を絞りてパンをねる　労働者こそ尊とけれ」

これは、賀川が作詞し、労働者に親しまれた労働歌だ。

しかし、労働運動に対する経営者と警察権力の強い圧力に苛立ちを覚え、〝暴力的手段〟に訴える労働者が現れるようになる。

このような事態は、賀川の望むところではなかった。

「社会の基礎としての労働組合は、民主化せられたる教育組織を、労働階級の解放の為に最も勝れたる方法によって要求するのである」

賀川は労働学校を創設し、労働者の教育に乗り出す。大学教員、弁護士、新聞記者などが講師となり、民主的な方法による労働運動家の育成が行われる。

やがて、賀川は労働組合運動の指導者から、農民運動の指導者へと活動の軸足を移していく。貧農の苦しみを目の当たりにし、それを放置することができなかったのだ。

常に、賀川のまなざしは、社会の下層にある人々へと向かっていた。

なぜ、賀川は、生協運動や労働運動、さらには農民運動などの社会改良（social reform）に積極的に関与したのか？

賀川は、幼少期に両親を亡くし、兄弟と徳島の本家に引き取られたものの、本家が潰れてしまい、不遇な子ども時代を過ごした。そんな賀川の、保護者代わりとなってくれたのは、外国人宣教師であった。

キリスト教に懐疑的なところもあったが、賀川は一九〇四（明治三七）年に洗礼を受け、その後、神戸神学校に入学する。

しかし、賀川の体は結核にむしばまれていた。

「どうせ、近い中に死ぬのだから、死ぬまでありったけの勇気をもって、もっとも善い生活を送るのだと決心した」

そこで、賀川は一九〇九（明治四二）年のクリスマスイブに、荷車にわずかの家財道具を積み込み、神戸の「貧民窟」に移り住む。残り少ないと悟った人生を、貧困で苦しむ人々の救済活動に投じようと考えたのである。

彼は、隣人として、貧しい人々と生活を共にし、苦しみばかりでなく、喜びも分かち合った。

「慈善や同情は、貧民を一段高いところから見おろす軽蔑感を、その背後に持っている」と賀川は考えていた。同時に貧民の心理を探求し、彼らに対して貧困の原因を啓蒙した。これをセツルメント活動と呼ぶ。

賀川の研究的姿勢は、わが国の社会改良運動を大きく先進させたと考えられる。

【文献】

隅谷三喜男『賀川豊彦』岩波現代文庫、二〇一一年。

＊写真提供　公益財団法人賀川事業団雲柱社　賀川豊彦記念松沢資料館

瓜生岩子

「この子めらだちは、お仏様がすばらくの間わだすにくれらった宝物だし」

〈プロフィール〉
本名は岩。通称、岩子という。一八二九（文政一二）年、会津から米沢に下る宿場として栄えた会津喜多方郡小田付村に生まれる。戊辰戦争（一八六八〜一八六九）、会津磐梯山大噴火（一八八八）などの被災者を、献身的に看護し、さらに生き残った者のケアに尽力した。日本の社会福祉の先覚者、明治のナイチンゲールといわれた女性である。その功績をたたえ、浅草寺（東京）境内に岩子の銅像が建立されている。一八九七（明治三〇）年没。六九歳だった。

日本の社会福祉の母といわれる瓜生岩子の故郷は、福島県喜多方市である。喜多方ラーメンで全国的に知られるようになった。

岩子が産声をあげたのは、一八二九（文政一二）年。父は油商を営んでいた。電気のなかった時代である。生活に欠かせない油の売買により一家の生活は安定していた。

しかし、岩子が九歳の時、父親が肺炎で死去。その後、母親が油商を一人で切り盛りしていたが、店が火事のため焼失。岩子は、母親の実家で生活することになる。

一八三〇（天保元）年、東北を大凶作が襲い、大量の餓死者を出した。

ある日、祖母に連れられて、岩子が祖父母宅近くの示現寺の境内を歩いていると、若い母親と幼い子どもがうずくまっていた。

「おばあちゃん、あの人たちはどうかしたの？」

「お腹をすかせているんだよ」

祖母は、その親子に声をかけ、家まで連れて帰り、飴湯をつくって飲ませた。

「気の毒な人がいたら、水一杯でよいからあげなさい。自分にできることを精一杯してあげなさい」

岩子は、示現寺の和尚がいっていた言葉を思い出しながら、祖母の姿を見つめていた。

一八四四（弘化元）年、一七歳になった岩子は、二四歳の男性と結婚する。二人は、小さいながらも呉服店を構えた。次々に子どもを授かり、親子仲良く幸せな毎日を過ごしていた。

しかし、いつまでもそれが続くわけではなかった。夫が血を吐いて倒れ、一八六二（文久二）年に息を引き取るのである。同年、岩子の母親もかえらぬ人となった。

「ああ、どうして私ばかり、こんな悲しい目にあうのだろう」

肉親を失った岩子の喪失感は、相当なものであった。やりきれない気持ちを、岩子は示現寺の和尚に打ち明けた。

「世の中を見まわしてごらんなさい。お前以上の苦境にある人々がたくさんいる。お前には四人の子どもがいるではないか。これからは、病気や貧困で苦しむ人のために、お前が仏様から与えてもらった力を使いなさい」

和尚の言葉で我に返った岩子は、仕立物などで得たお金を、貧困者の救済に充てる。

一八六八（明治元）年、新政府と旧幕府が争った戊辰戦争が勃発した。

岩子は、傷ついた兵隊を、敵味方に関係なく看護する。ある時、政府軍の隊長が「何をしているのか？」と岩子を問い詰めた。「医療の心得がありやすので、傷の手当てをしておえやす」。「誰の許しを得たのだ？」。押し問答が続く中、岩子は「いのちに敵味方はございません」ときっぱりはねつけた。

戦後は、寝食を忘れて戦争孤児のケアにあたり、さらには彼らに対する教育を行うために幼年学校を設立する。続けて、貧困者の職業訓練を趣旨とした裁縫教授所、貧困者に住まいを提供する救育所といわれる施設をつくった。

和尚の言葉を支えとして、社会事業に励む岩子のもとに、一通の手紙が届く。差出人は、日本の近代資本主義の父といわれる事業家・渋沢栄一である。彼の生き方を小説化した城山三郎『雄気堂々（上・下）』（新潮文庫、二〇〇三年）は興味深い。

「私は、貧困児を保護し教育する東京養育院院長をしている。あなたのような方の力を借りたい」

渋沢の手紙には、そう記されていた。すぐに岩子は上京し、慈悲の心で、子どもたちの養育にあたった。この時、岩子六二歳である。

【文献】

廣木明美『炎は消えず―瓜生岩子物語』文芸社、二〇一三年。
「菩薩の化身　瓜生岩①～⑥」「福祉新聞」第二六一四号～二六一九号、二〇一三年。

井深八重

「日本人の中から一人ぐらい病者の世話をする人が居てもいいはずだ」

〈プロフィール〉

一八九七（明治三〇）年、台湾総督府台北市に生まれる。一九一五（明治四三）年、同志社女学校入学。その後、同校専門学部英文科へ進学し、一九一八（大正七）年に卒業する。卒業と同時に、長崎県立長崎高等女学校の英語の教師となるものの、ハンセン病の疑いで、ハンセン病患者の隔離病院に入院する。ところが、一九二二（大正一一）年、誤診であることがわかる。その後、八重は同病院の看護婦となり、生涯をそこで過ごした。一九八九（平成元）年没。九二歳だった。

ハンセン病は、かつて癩《らい》病と呼ばれていた。患者は〝穢れた〟存在として、差別され苦しんできた。鎌倉時代においては、前世や現世での悪行に対する仏罪だと非難された。家族や地域社会から〝切り捨てられた〟患者たちは、奈良や京都などの都市に集まり、寺社を中心に集落を形成する。

そんな中、社会的に孤立した彼らに手を差しのべたのが、真言律宗の祖・叡尊（一二〇一～

一二九〇）である（総本山は奈良・西大寺）。患者の垢すりや傷口の手当などを行ったという。叡尊ゆかりの般若寺（奈良県）は、「コスモス寺」として有名である。

このように、ハンセン病患者が虐げられた歴史は古い。

かなりの時代が下って、一九三一（昭和六）年には「癩予防法」が制定され、患者を療養所に隔離する政策が採られた。これが過ちであったことを国は認め、二〇〇二（平成一四）年、厚生労働大臣名で謝罪広告が新聞に掲載される。併せて補償金が元患者たちに支払われた。しかし、いまだに元患者は社会の無理解に苦しんでいる。

日本のマザー・テレサともいわれる井深八重は、ハンセン病が疑われ、ハンセン病患者が収容される神山復生病院（静岡県）に入院する。

精密検査の結果、誤診がわかった後も、八重はそこにとどまり、患者の看護に尽くした。一九二三（大正一二）年には、日本看護婦学校速成科に入学し、同年看護婦のライセンスを取得する。本格的に、患者を看護するためである。

八重は慰留されて病院に残ったのではない。自らの意志である。その背景には、神山復生病院の五代目院長・レゼーの影響があるといわれている。

レゼーは、パリ外国宣教会司祭で、七〇歳の時に院長となった。彼の処遇方針は、患者が病院を家として過ごせるよう、患者どうしが支え合う関係づくりにあった。「隔離するだけではなく、患者を国民として認めること」をレゼーは訴え、患者の精神的救済を図ろうとした。

レゼーの宗教観、人間観、社会観に八重は感化されたといっても過言ではない。「月刊福祉」第六一号（一九七八年）で八重はこう述べている。

「たとえとるにたらぬ者であっても、力のかぎり、及ぶかぎりすべてを捧げて、この老院長の手足となり、病者の為に尽くすことができれば本望である」

「これまでこの身にふりかかった出来事のすべては、神様の摂理であり、この身に与えられた唯一の使命である」

八重の献身的看護が、宗教的動機に基づいていることは間違いない。それは、レゼーに対する敬愛から生じたものであろう。レゼーも、八重を信頼していた。

「昨日まで住んでいた社会との余りにも隔たりのある世界に、話す友もなく、幾晩かを泣き明かした」

二二歳で、強制隔離された八重の苦しみを救ってくれたのはレゼーに他ならなかった。レゼーを通して、八重は真の信仰を手にしたのではないだろうか。

伊波敏男『ハンセン病を生きて』（岩波ジュニア新書）は元患者の手記である。北条民雄『いのちの初夜』（角川文庫）、遠藤周作『わたしが・棄てた・女』（講談社文庫）は、いずれもハンセン病をテーマにした小説だ。映画監督・河瀬直美が映画化したドリアン助川『あん』（ポプラ文庫）も患者の苦悩を描いている。

【文献】
松尾剛次『救済の思想』角川選書、一九九六年。
室田保夫編著『近代日本社会福祉のあゆみ』ミネルヴァ書房、二〇〇六年。
星倭文子『会津が生んだ聖母　井深八重』歴史春秋社、二〇一三年。

＊写真提供　同志社女子大学史料センター

佐々木英治

「いろんな方と働く職場をめざして」

〈プロフィール〉
一九五三（昭和二八）年生まれ。小学校や養護学校教員を経て、義父が経営していた有限会社東工業所（自動車部品の鋳型の製造）を継ぐ。「いろんな方と働く職場をめざして」をモットーに、企業のあり方を問い直し、就労支援にとどまらず、社員の生活にまで配慮している。二〇一六（平成二八）年七月、埼玉県所沢市社会福祉協議会より社会福祉貢献賞が贈られる。第三回現代のロバート・オウエン賞受賞者。

埼玉県所沢市に所在する東工業所は、自動車部品の鋳型を製造する従業員一〇人の町工場である。自閉症者や知的障害者、小・中学校で不登校だった人、シングルマザー、難病治療中の人、犯罪歴のある人など、様々な背景を持った人が働いている。

工場で重要な役割を担うのは、勤続一八年の自閉症者の男性（四六歳）と、長年不登校だった女性（三二歳）である。この二人がいなければ会社は成り立たないと佐々木社長はいう。

一九九六（平成八）年に入社した自閉症者の男性は、コミュニケーションはあいさつ程度だが、工場内の機械をすべて操作することができ、彼なしに作業は成り立たない。しかし、工場の機械操作は複雑である。そこで佐々木は、彼の理解力に合わせ、操作工程の工夫を行った。通常ならば、複数回の手順を踏まなければならないところを、一回の操作でできるよう操作盤の改良を試みたという。労働者の特性に応じて、企業の側が配慮を行う姿勢に東工業所の経営理念が垣間見える。プロ野球観戦が趣味だというこの男性の私生活にまで、社長の配慮は及ぶ。

不登校児だった女性は、職歴六年。いまでは、製品の受注を担う活躍ぶりである。中学校卒業後、ボランティアをしながら就職活動を試みたもののどこにも採用されず、社長の知り合いの紹介で東工業所にやってきた。ところが、毎日のように遅刻が続き、なかなか仕事になじめない。あいさつや返事もできない状態が続いた。たいていの企業なら、下手をすると〝クビ〟である。しかし、佐々木は見限ることなく、どうすれば彼女が定着して働けるかを考える。「自信」や「意欲」を持たせるために、本人が希望する自動車運転免許の取得を目標に、勤務時間を当人に決めるように求め、自己管理のもとで働くよう指示をしたという。そして、運転免許試験に合格したタイミングで、佐々木は次のことをこの女性に告げる。

「一年間ご苦労様でした。また、念願の免許も取れてよかったですね。仕事のことですが、良く頑張っていると思います。私の所で仕事をしたいと思うようでしたら、下記のことを約束して下さい。今までは、仕事に慣れるという事で大目に見てきました。しかし、あなたのためにならないと思います。家族と話し合ってきて下さい。一．朝九時の朝礼までに出勤します。二．出勤できない時は、朝九時までに連絡します。三．あいさつは進んでします」

従業員を思う社長の真剣な言葉が届いたのであろう。彼女は約束を守ることを決意し、これまでの勤務態度を自ら改め、二〇一六年一〇月に製造管理課長に昇格した。

子育て中の従業員に対しては、「子どもが病気の時、授業参観などの学校行事の時には必ず休みなさい」と佐々木は指示をする。いわゆる〝社長命令〟である。ただし、すべて出勤扱いだそうだ。

以上のように、従業員の生活背景に配慮しその特性に応じた経営を行っている佐々木だが、それができるのは、元教師だったからではないか。和光大学を卒業後、小学校や養護学校の教師をしていたという。いまの工場を経営していた義父の突然の死去により、教師を辞め会社の後を継いだ。「社員の失敗等は、自分の教え方に問題があるのではないかと問う。自分に厳しく、社員に優しくを理想として働く」という佐々木の姿勢には、教育者の視点がある。

佐々木の大学時代の師だった教育学者・中野光は、「私は子どもや学生たちに『問うこと』『疑うこと』『批判すること』を大切にしようということを強調したように思います。同時に『人間同士のよさを見つけあおう』と呼びかけたように思います」と述べているが、佐々木には中野イズムが継承されている。

最後に、佐々木の言葉を紹介しておこう。

「今日、会社の長時間労働、違法な管理、社員へのいじめ等が行われ、若い人が悩み苦しみ、そして、病気になり尊い命まで奪われている。どう考えてもおかしい。これでは、若い人たちが夢・希望・目標を持って生きることはできない。なぜこんな問題が起きているのか。それは、人が人として大切にされていない社会だからだと思う」（佐々木英治「当社の取り組み」第三回現代のロバート・オウエン賞授賞式・記念のつどいリーフレット、二〇一七年二月二五日）

【文献】

中野光『大正自由教育研究の軌跡―人間ペスタロッチーに支えられて―』学文社、二〇一一年。

ヤヌシュ・コルチャック

「子どもたちのためにではなく、自分自身のためにやっている」

〈プロフィール〉
ロシア領ポーランド王国に一八七八年に生まれる。ワルシャワ大学医学部卒業後、日露戦争に軍医として召集される。ユダヤ人であったコルチャックは、一九一一年にユダヤ人孤児のための孤児院を設立。そこで、子どもの人権を尊重したケアを行った。第二次世界大戦下のナチス・ドイツのユダヤ人迫害の中で、孤児院の子どもたちとともにガス室に送られ絶命した。一九四二年没。コルチャックの思想や実践は、国連「児童の権利に関する条約」(一九八九年)の草案に影響を与えたといわれる。

日露戦争により孤児となった子どもたちを前に、コルチャックは医師としての無力感を感じていた。

「この子どもたちの病気やけがを治すことはできても、彼らの生活改善にまではおよばない」

そんな悩みを抱えていたコルチャックは、ついに決意する。

「子どもたちが安心して暮らせる孤児院をつくろう」

そこで彼は、資金集めに奔走し、念願の孤児院設立を果たす。そして、医師を辞め、自ら院長に就任した。

孤児院に集まった数多くの子どもたちの顔を見つめながら、コルチャックは意気込んでいた。

「彼らに温かい生活を提供し、教育を通して、子どもたちの明るい未来を紡いでいこう」

しかし、孤児院の運営は順風満帆ではなかった。入所児の生活費の確保に、コルチャックは明けても暮れても追われる。

また、孤児院では、子どもたちどうしのいさかいが絶えず、混乱するばかりであった。創設時に描いたコルチャックの思いは、なかなか彼らに届かない。苦悶の日々がコルチャックを襲った。

「どうすれば、子どもたちの気持ちを理解できるのだろう。どうすれば、子どもたちと信頼関係を築くことができるのだろう」

子どもたちと悪戦苦闘する中でコルチャックが得た答えは、「子どもを一人の人間として尊重する」というものであった。

「彼らも私も人間としては対等なのだ。子どもたちの自主性を尊重しよう」

そのような結論にいたったコルチャックは、子ども議会や子ども裁判所をつくり、民主主義に基づいた孤児院運営を行う。

次第に孤児院では、他人をおもんばかる雰囲気が子どもたちを中心につくられた。その結果、コルチャックと子どもたちとの絆は自然と深まっていった。

一九三三年、ドイツではヒットラー率いるナチスが政権につき、世界大恐慌により混乱する国内政治への国民の不満を、ユダヤ人を利用して解消しようとする。そのためにとられた政策が、ユダヤ人迫害である。

ユダヤ人がほとんどを占めていた孤児院の子どもたちとコルチャックは、ナチスにより強制労働収容所に収容された。その果てにガス室へと送られ殺害される。

孤児救済家として世界的に有名になっていたコルチャックを殺害すれば、国際世論の批判にさらされると考えたナチスは、コルチャックに対してこう告げた。

「あなただけは助けてやる」

しかし、コルチャックはためらうことなくそれを断り、子どもたちと運命を共にしていった。

このようなコルチャックの行為は、自己犠牲のように私たちの目には映る。しかし、彼はそれをきっぱりと否定している。

「誰かのために自分を捧げるなどということは嘘です。私は子どもを愛する。私は身を捧げるようなことはしていない。私は子どもたちのためにではなく、私自身のためにやっている」コルチャックにとって、孤児院の子どもは家族同然である。その家族を見捨てられるはずがない。暗い時代にあって、コルチャックが高邁な精神を保つことができたのは子どもたちのおかげといってもよいだろう。

映画界の巨匠と評されるアンジェイ・ワイダ監督による「コルチャック先生」（一九九〇年）は、コルチャックの内面に迫る佳作である。

【文献】

近藤二郎『コルチャック先生』平凡社ライブラリー、二〇〇五年。

近藤康子『コルチャック先生』岩波ジュニア新書、一九九五年。

ヤヌシュ・コルチャック／津崎哲雄訳『コルチャック先生のいのちの言葉』明石書店、二〇〇一年。

福永昭三

「先生がわぁーわぁーわぁーいうたらあかん」

〈プロフィール〉
一九二八（昭和三）年、兵庫県神戸市に生まれる。中学校教師、養護学校教師を経て、一九六五（昭和四〇）年に神戸市民生局へ。神戸市立丸山学園（知的障害児通園施設）園長、民生局障害福祉課長などを歴任。神戸市立心身障害センター所長を最後に公職を退く。退職後は、知的障害者施設（ワークホーム緑友、ワークホームいわやなど）の施設長を務めた。神戸における知的障害児（者）福祉・教育のパイオニア。

教師をめざす福永は、兵庫師範学校（現在の神戸大学発達科学部）に通っていた。その帰りを待ちわびていたのは、地域の子どもたちである。

「昭三兄ちゃんが帰ってきた！」

福永の周りを子どもたちが取り囲む。教科書を置く間もなく、彼らの遊びの輪に加わった。

卒業後、迷うことなく中学校の教師になった福永は決意した。

「この子どもたちを、立派な高校に進学させよう」

寸暇を惜しんで授業の準備をしたことが効果を上げ、神戸市内の進学校にたくさんの教え子を合格させる。自信を強めた福永は、さらに受験指導に励む。

ある日のことだ。授業中に、一人の生徒が突然倒れる。福永はハッとした。

「『先生しんどい、助けて』といえないようなクラスの雰囲気をつくっていたのは教師である自分ではなかったのか?」

このできごとをきっかけに、福永は自省し、当時最も疎外されていた障害児の教育に軸足を移す。やがて、神戸市初の養護学校の教師となる。

そんな福永に転機が訪れる。養護学校での教育実績が評価されて、民生局（社会福祉行政をつかさどる行政機関）からお呼びがかかったのである。

「精神薄弱児（当時はそう呼ばれていた）の施設をつくるので、来てくれないか?」

ためらったものの、福永は決断し、それを受けることにした。教育から社会福祉の世界への転身である。以降、彼は障害児（者）福祉の分野で活躍する。

福永が施設長をしていた知的障害者施設でのことである。職員会議で激しいやり取りが行われていた。

「われわれの施設では、自分で判断し、勇気を持って行動できるような障害者を育てようではないか。それを僕は自己実現の教育と名づけたい」

「しかしなぁ、そのためには、施設職員（指導員）は、彼らにああせい、こうせいって、わぁーわぁーわぁーと干渉し、指導したらアカン。なぜなら、自分で判断するチャンスを奪うことになるからだ」

この福永の提案に対して職員が反発する。

「私らは、指導員として採用されている。指導したらアカンっていうたら、私らは何をしたらええんですか？」

そんな部下の訴えに、福永はこう返答した。

「われわれは指導者ではなく援助者や。知的障害者の様子をよく観察し、彼らが自分で判断するタイミングで肩を押してやるのが仕事。タテ関係ではなく、ヨコ関係で向き合っていこう。彼らと職員の間に大好き関係を築き、自分で判断して行動できる人間を育てていこうやないか」

職員たちは半信半疑であったものの、福永の決意と情熱におされ、その方針を了承した。

こうして、福永の施設では、「指導しないことが指導方針」となる。しかし、それは時間を要する地道な取り組みであった。

福永はこういう。

「自分で判断して行動することは、知的障害児（者）がいちばん苦手なことなんよ。彼らのいちばん苦手なところを突いて伸ばそうとするんやから五年はかかるで。でも五年経ったら見事に自己実現を果たしていったね」

福永昭三によって確立された「福永流自己実現論」の継承者を、筆者はいまだ知らない。合理性や効率性がますます求められる福祉現場において、福永の思想がいまほど求められている時代はないだろう。

【文献】

福永昭三『ねえおはなしきいて―知恵遅れの子供達に心ひらかれ―』ミネルヴァ書房、一九八五年。

ひばり学園編『障害を生きぬく力―心を育てるために―』法政出版、一九九三年。

島田幸倍・小土井朋子・藤永愛・本田三佳「福永昭三論―知的障害児（者）の『自己実現』をめざして―」宇部短期大学健康福祉学科二〇〇〇年度卒業研究発表会要旨集

吉田明弘・島田幸倍・宮武美紀「これからの知的障害児福祉・教育への視座」兵庫大学短期大学部研究集録第三八号、二〇〇四年。

附章

社会的養護を担うNPOなどに対する寄付金や補助金助成の実態

子どもの貧困対策、家庭養護（里親・ファミリーホーム）の推進、児童虐待の防止、児童養護施設退所者の自立など、社会的養護が抱える課題は多岐にわたる。小さな政府を志向する「日本型福祉社会論」の軌道修正が行われない（むしろ強まっている）中で、これらの課題解決は「民間」の取り組みに委ねられる傾向にある。例えば、子どもの貧困対策にかんしていえば、政府が主導する「子供の未来応援国民運動」（二〇一五年一〇月に始動）のもとで創設された「子供の未来応援基金」は、子どもの貧困対策に取り組むＮＰＯなどに対して助成を行うものだ。ほんらい、行政責任として果たされなければならない子どもの貧困解消は、実際のところＮＰＯを中心とする「民間」がアテにされている。

内閣府が二〇一六（平成二八）年三月に発表した「平成二七年度特定非営利活動法人及び市

民の社会貢献に関する実態調査」によると、ＮＰＯの収入のうち、事業収益は七二・〇％にとどまる。認定・仮認定法人に限定した場合、六〇・九％となる。収入の不足分は、①補助金や助成金、②寄付金、③会費などにより充当される。このうち寄付金の占める割合に注目して見ると、認定・仮認定法人と認定・仮認定を受けていない法人全体で一〇・八％、認定・仮認定法人においては二五・七％である。これに補助金や助成金を含めると、収入における割合は、全体で二三・六％、認定・仮認定法人においては実に三五・七％となる。ここから、大方のＮＰＯが寄付金や補助金などの助成に依存していることがわかる。つまり、事業収益だけでは事業の継続が困難であり、それらが重要な資金源なのだ。

寄付金や補助金の出所として挙げられるのは、財団法人や社団法人、さらには株式会社などだが、中でも多くのＮＰＯのスポンサーとなっているのが、「公益財団法人日本財団」である。潤沢なモーターボート競争の収益金をもとに、社会的養護に関わるＮＰＯなどをはじめとする法人に多額の寄付を行う。

日本財団について概説すると同時に、その助成実態を明らかにすることが、本章の目的である。

第1節　日本財団の概要

公益財団法人日本財団（The Nippon Foundation for Social Innovation）の前身は、一九六二（昭和三七）年に設立された財団法人日本船舶振興会である。創設者で初代会長の笹川良一没後しばらくして現在の名称になった。その経緯について、日本財団は「公益財団法人日本財団は、二〇一一年三月三一日まで、日本船舶振興会は登記上の正式名称で、『日本財団』は通称（ニックネーム）でした。私たちの活動が時代の要請とともに、海洋船舶事業だけでなく、福祉やボランティアに対する支援、海外協力援助事業などの幅広い公益活動を行うようになったためです」（日本財団公式ホームページ）と説明している。

笹川良一死去にともない日本船舶振興会会長職を継いだのは、作家の曽野綾子である。日本財団発足後も会長を続け、二〇〇五（平成一七）年六月に退いた。その後、笹川良一の三男である笹川陽平が会長に就任する。評議員には、千野境子（産経新聞社客員論説委員）、屋山太郎（政治評論家・公益財団法人社会貢献支援財団理事）、渡部昇一（上智大学名誉教授）などの名まえがある（二〇一六年一一月時点）。

日本財団の資金源は、モーターボート競争の収益金であると先述したが、そのしくみを説明すると、ボートレース場で開催されたレース売上金の二五%がレースを主催する全国一〇三の地方自治体に支払われる。そのうち二・七%が交付金として日本財団に入るシステムになっている。その他は、一般財団法人日本モーターボート競走会（レースを主催する地方自治体からの委託を受け、ボートレースの各種運営を行う）への交付金、地方公共団体金融機関への納付金などに充てられる（図附-1）。

国土交通省の『海事レポート二〇一五』（日本海事広報協会）によると、モーターボート競争の売り上げは、「一九九一年度の二兆二一三七億円をピークに年々減少し、二〇一三年度にはピーク時の約四割程度であったが、その後緩やかに増加しており、二〇一四年度は対前年度比五%増の九，九五三億円と一兆円まであと少しのところまで回復を見せている」という。日本財団への交付金は、モーターボート競争売上金の多寡に影響される。さいきんでいうと、二〇一四（平成二六）年度の交付額は二七二億円であった（図附-2）。

日本最大級のファンドである日本財団の活動理念を、現会長の笹川陽一は次のように述べる。日本財団の性質をよく表しているので、少し長くなるが引用しておきたい。

日本財団への交付金		約2.7%
(一財)日本モーターボート競走会への交付金	レースを主催する自治体から委託を受け、ボートやモーターの維持・管理、競走開催中の選手の管理、競走の運営など、レースの公正かつ安全な実施のために使われています。	約1.3%
地方公共団体金融機構への納付金	地方公共団体金融機構を通じて、上下水道の整備など、地域で役立てられています。	約0.2%
開催経費	管理費、人件費、施設費、選手への賞金などに使われています。	実費
レースを主催する地方自治体	地方自治体の予算に組み入れられ、小中学校や体育館、美術館、公営住宅や病院などの公共施設の建設に使われています。	残額

図附-1　モーターボートレースの売上金の流れ

出典）公益財団法人日本財団公式ホームページ。

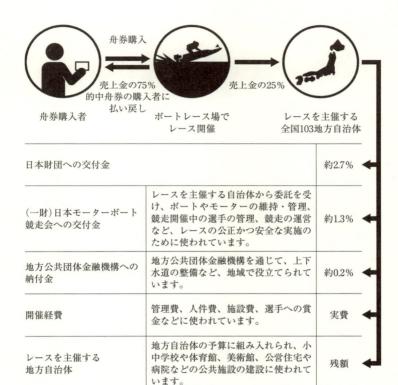

図附-2　モーターボート競争の売上金額および日本財団への交付金額の推移

出典）国土交通省『海事レポート 2015』日本海事広報協会、2016 年を一部改変。

近年、社会問題は複雑化し、行政はもとより、市民一人ひとりにかかる負荷が増大しています。公的サービスに依存するだけでは問題解決ができないということは多くの人が感じているのではないでしょうか。

一方「社会が抱える問題を解決するために何かをしたい」という想いや志を持つ人々が増え、社会貢献活動に高い関心が寄せられています。企業による自社の強みを生かしたCSR活動が促進され、NPOやボランティアによる活動も根付いてきました。一人ひとりが立ち上がり、互いに力を合わせることで、みんながみんなを支えていこうという動きが確実に広がってきています。

（中略）

私たちは、ＮＰＯ、企業、行政、国際機関、研究者、ボランティアなど様々な立場の方々と議論し、共に解決策を導き出し、それをプロジェクト化し、実際に現場が抱える問題を解決していくことに重きをおいています。

（日本財団公式ホームページ）

日本財団の取り組みは、財団自身によって八分野にカテゴライズされているが、その中で、社会的養護に関係するものを取り上げると、①日本財団夢の奨学金（児童養護施設退所者に対する給付型奨学金制度）、②学生ボランティア活動（学生が行う子どもたちへの学習支援など）、③ハッピーゆりかごプロジェクト（特別養子縁組や里親制度の普及活動）、④子どもの貧困対策（子どもの貧困に関する調査研究、家でも学校でもない第三の居場所づくり、子供の未来応援基金の管理）などである。その他、市民・ＮＰＯ・企業に対する支援や連携促進を目的とした「ＣＡＮＰＡＮプロジェクト」があり、社会的養護を担うＮＰＯがこれを活用している。このプロジェクトに参加している団体一万二九九〇件のうち、子どもの貧困対策関連は一九〇組織である（二〇一七年一月一二日現在）。

さいきんよく目にする日本財団のテレビ広告は、クリエイティブディレクターの佐藤可士和

（慶應義塾大学環境情報学部特別招聘教授、多摩美術大学美術学部客員教授）が制作したものだ。その中の「子どもサポート編」では、日本財団が五〇億円を拠出し、教育産業大手のベネッセと共同で取り組む「家でも学校でもない第三の居場所」をつくる計画が紹介されている。ＣＭでは、次のナレーションが流れる。


さまざまな事情で家に帰れない、帰りたくない子どもがたくさんいる国。

それは日本です。

日本財団は、子どもサポートプロジェクトをスタートしました。

一口千円で参加いただけます。

例えば放課後、居場所がない子のために、温かい居場所を全国一〇〇ヵ所につくります。

日本の子どもには支援が必要です。

日本財団子どもサポートプロジェクト。


組織の印象について、日本財団に尋ねられた佐藤可士和は、「ソーシャルイノベーションのハブになっていきたいという笹川陽平会長の思いのもと、財団職員の皆様が前例にとらわれないイノベイティブな手法で社会課題を解決している点にあります。ソーシャルイノベーションが社会に必要な時代となりつつある今日、その最先端を走っているのが日本財団ではないでしょうか」（日本財団公式ホームページ）と絶賛する。ユニクロやセブンイレブンなどのCM、さらにはSMAPに代表される大物アーティストのCDジャケットなどを手がけてきた日本を代表するクリエイティブディレクターが、日本財団の啓発に一役買っている。

先に述べた通り、各種団体に対する日本財団の援助額は二七二億円（二〇一四年度）に達する。その資金力から見て日本財団は、わが国最大のファンドである。いまや、このスポンサーなしに民間の社会的養護事業は成り立たないといってもよい。

第2節　日本財団からの助成を受けている社会的養護団体

表附-1は、過去三年間に日本財団からの助成を受けている社会的養護関連団体一覧である。全体を通して里親関連事業が多く採択されているのは、厚生労働省が進める家庭養護（里親・ファミリーホーム）の拡充[1]が背景にあるからだろう。ここに挙げた団体からいくつかを取り上げ、組織の概要について説明する。

年度	団　体　名	助成事業	助 成 額
2015	一般社団法人アクロスジャパン	妊娠・養子縁組相談事業	440万円
	一般社団法人命をつなぐゆりかご	養子縁組の質の向上および周知啓発の推進	855万5000円
	特定非営利活動法人SOS子どもの村JAPAN	里親家庭における養育の質の向上をめざすプログラムの開発	470万円
	特定非営利活動法人円ブリオ基金センター	母子支援の相談対応を学ぶ勉強会および対応マニュアル作成	160万円
	社会福祉法人大阪児童福祉事業協会	児童養護施設等入所児童及び里親委託児童に対する自立生活技術講習会（ソーシャル・スキル・トレーニング）の開催	376万円
	公益社団法人家庭養護促進協会大阪事務所	里親を求めるための「愛の手」運動、里親支援事業	224万円
	特定非営利活動法人キーアセット	川崎市・大阪府新規里親リクルート	629万円
	特定非営利活動法人社会的養護の当事者参加推進団体日向ぼっこ	事例を通して学ぶアフターケア	事業達成困難を理由に取り下げ
	公益財団法人全国里親会	里親制度の普及促進事業	208万円
	特定非営利活動法人東京養育家庭の会	オーストラリア大会への里子派遣およびユース交流	219万円
	一般社団法人ベアホープ	官民連携の児童養護支援体制構築を目指したモデル作り	1900万円
	養子と里親を考える会	里親支援専門相談員の里親支援（養子縁組含む）の調査研究と研修プログラムの開発	108万円

出典）公益財団法人日本財団公式ホームページ「支援事業一覧」をもとに筆者作成。

表附-1　日本財団からの助成を得ている社会的養護関連団体（2013〜2015 年度）

年度	団　体　名	助成事業	助 成 額
2013	社会福祉法人大阪児童福祉事業協会	児童養護施設等入所児童および里親委託児童に対する自立	298 万円
	3 keys	児童養護施設における早期学習サポートの実施	338 万円
	公益財団法人全国里親会	里親研修会の開催等	316 万円
	公益財団法人全国里親会	IFCO2013 大阪世界大会の開催	400 万円
	特定非営利活動法人子育て支援センター　ちびっこはうす	課題を抱える子どもを地域で支援する仕組みづくり	381 万円
	特定非営利活動法人くまもと学習支援ネットワーク	教育の機会に恵まれない子どもへの学習支援活動	1016 万円
	公益財団法人東京財団	奨学金事業基金の設置	3 億円
2014	社会福祉法人大阪児童福祉事業協会	児童養護施設等入所児童及び里親委託児童に対する自立生活技術講習会(ソーシャル・スキル・トレーニング)事業	371 万円
	特定非営利活動法人キーアセット	大阪府新規里親のリクルート及び委託後の支援等業務	256 万円
	公益財団法人全国里親会	里親の研修及び「里親だより」の発行・配布等	308 万円
	一般社団法人日本子ども虐待防止学会	里親養育および施設養育等の社会的養育の子どもに対する支援のあり方の改善に向けた調査研究事業	980 万円
	特定非営利活動法人み・らいず	就労困難者の一般就労に向けたトレーニング・プログラムの構築	333 万 5000 円
	一般社団法人命をつなぐゆりかご	養子縁組の質の向上および周知啓発の推進	882 万円
	公益社団法人家庭養護促進協会	養子縁組による恒久的な家庭づくりの促進	796 万円
	社会福祉法人日本国際社会事業団	養子縁組終了後の支援（post adoption service）の調査および推進	372 万円
	一般社団法人ぐる〜ん	乳児院における抱っこボランティアや交流イベントを通じた里親、養子縁組などの家庭	100 万円

1　一般社団法人日本子ども虐待防止学会（東京都）

一九九四（平成六）年に設立された当学会は、「子ども虐待防止を目的として、医療・保健・福祉・教育・司法・行政などの実践家・研究者が一同に会する研究会」（日本子ども虐待防止学会公式ホームページ）である。国立成育医療研究センターの奥山眞紀子が理事長を務める。

役員には、川崎二三彦（子どもの虹情報研修センター）・才村純（関西学院大学）・西澤哲（山梨県立大学）・松本伊智朗（北海道大学）・山縣文治（関西大学）など、わが国を代表する社会的養護研究者が名を連ねている。

児童虐待の防止は、喫緊の社会的養護の課題である。その意味で、この組織が果たす役割は大きい。児童福祉課題の解決に向けて、児童福祉現場と研究者とが協働する取り組みとしても評価されてよいだろう。

なお、当学会は、特定非営利活動法人児童虐待防止全国ネットワークが運営する「子ども虐待防止・オレンジリボン運動」(2)の後援団体である。

2　特定非営利活動法人日向ぼっこ（東京都）

当団体の理事長である渡井隆行が、「社会に巣立ち音楽という夢を目指しながら生きてきましたが挫折の連続でした。こうなってしまったのも全て社会的養護で育ったからだと社会を恨みました。『楽に死ぬことができたならどれだけ救われるだろうか』と常に考えていました」(日向ぼっこ公式ホームページ)と告白している通り、社会的養護対象者の抱える悩みは深刻だ。そのような状況を背景に、児童養護施設退所者の「アフターケア事業」を中心としたピアカウンセリングを行う団体である。

主たる取り組みとして「日向ぼっこサロン」を設け、当事者が集える場所を運営している。そこで、「職場訪問・体験/他機関への紹介/就職・進学/住居やお金のやりくり/病気・障害/家族関係・人間関係」(日向ぼっこ公式ホームページ)などの相談に応じる。

この組織を立ち上げた渡井さゆり前理事長は、「社会的養護の制度・援助の真の改善・充実には社会的養護経験者の実態把握や声が不可欠である」(3)と指摘する。そのためには、このような当事者主体の組織が意味を持つ。

なお、日本財団以外に、公益財団法人SBI子ども希望財団や日本アムウェイ合同会社などからの財政支援も受けている。

3　特定非営利活動法人SOS子どもの村JAPAN（福岡県）

第二次世界大戦後にオーストリアで始まった「SOS子どもの村」を源流とするこの法人は、「『すべての子どもに愛ある家庭を』をスローガンに、実の親からの保護や養育を受けられない子どもたちを、愛情あふれる家庭環境で養育する活動や、実家族と暮らせなくなる危機にある子どもとその家族のための活動」（特定非営利活動法人SOS子どもの村JAPAN公式ホームページ）を行っている。具体的には、ファミリーホームや子ども家庭支援センターの運営などを事業内容とする。

「里親と子どもの間に、より良い関係を築くために英国で開発された『フォスタリングチェンジ・プログラム』の研修が先月、福岡市であった。主催したNPO法人『SOS子どもの村JAPAN』（福岡市）によると、日本での開催は初めて」（朝日新聞デジタル二〇一六年四月四日付）という報道からわかるように、この団体は里親支援や里親の質向上にも取り組む。

当法人後援会理事には、九州を代表する企業の経営者（株式会社西日本新聞社社長、株式会社ふくや社長、西日本鉄道株式会社社長など）が就いている。ちなみに、後援会長は九州電力株式会社相談役の松尾新吾（日本会議福岡会長）である。

第3節　日本財団ハッピーゆりかごプロジェクト

このプロジェクトは、日本財団が行う社会的養護プロジェクトの一つである。「生みの親と暮らすことができない子どもたちが、特別養子縁組や里親制度のさらなる普及により、あたたかい家庭で健やかに育つことができる社会を目指す」（日本財団ハッピーゆりかごプロジェクト公式ホームページ）ものだ。具体的な取り組みとしては、①子どもの家庭養育推進官民協議会、②一般社団法人全国妊娠ＳＯＳネットワークの二つである。

1　子どもの家庭養育推進官民協議会

二〇一六（平成二八）年四月四日に発足した当会の目的は、その名の通り官民が一体となって、家庭養育（家庭養護）の推進を図る組織である。会長の鈴木英敬（三重県知事）は次のように趣旨を説明する。

今日の日本には、実親と暮らせない子どもたちが約四万人います。その理由は、家庭内の虐待、親の養育困難や病気などさまざまです。

日本も一九九四年に批准した国連「子どもの権利条約」は、前文で、子どもは「家庭環境の下で幸福、愛情及び理解のある雰囲気の中で成長すべき」と謳っています。

しかし、残念ながら、日本では子どもたちの権利は十分に確保されているとはまだ言い難い状況です。そのためには、官民が連携し包括的な取り組みを進めることが必須です。よって、日本全国の有志の自治体及び広範な関連民間団体による「子どもの家庭養育推進官民協議会」を設立します。


（子どもの家庭養育推進官民協議会公式ホームページより）


ここに加盟する自治体は、一一県（宮城・福島・長野・三重・鳥取・岡山・広島・山口・徳島・高知・宮崎）と九市（千葉・静岡・浜松・福岡・柏・横須賀・奈良・大津・日南）である。民間においては、日本財団を筆頭に公益財団法人全国里親会や公益財団法人日本ユニセフ協会など一三団体が参加している。

欧州の社会的養護に詳しい児童精神科医の上鹿渡和宏（長野大学教授）とソーシャル・ビジネスの推進論者である駒崎弘樹（特定非営利活動法人フローレンス代表）が協議会のアドバイザー

を務める。

2　一般社団法人全国妊娠SOSネットワーク

大阪府立母子保健総合医療センター母子保健情報センター長で医師の佐藤拓代が理事長であるこの組織は、「全国の妊娠相談窓口の質の向上と地域・全国の支援ネットワーク作りにより、0日・0か月の虐待死、虐待の重症化、遺棄児、妊婦健診未受診の飛び込み出産、長期施設養育等を防ぐことを目的」（全国妊娠SOSネットワーク公式ホームページ）としている。

取り組みの柱は、①妊娠SOS相談員向けスキルアップ研修（妊娠相談窓口の質の向上とネットワーク化）、②妊娠SOS対応パッケージ研修（専門職者の知識の向上と連携の拡大）、③妊娠SOSの周知・啓発活動（一〇代も見やすいホームページ）などである。

理事は、CAPNA理事（日本財団）や日本財団特別養子縁組事業企画コーディネーターなど五名で構成される。顧問に就いているのは、森本志磨子（NPO法人子どもセンターぬっく理事長）、湯澤直美（立教大学コミュニティ福祉学部教授、なくそう！　子どもの貧困全国ネットワーク共同代表）である。

第4節　公益財団法人社会貢献支援財団（日本財団の顕彰組織）の概要

モーターボート競争に関する事項を定めた「モーターボート競走法」が成立したのは一九五一（昭和二六）年のことである。法律制定二〇年を契機として、一九七一（昭和四六）年に財団法人日本船舶振興会が出資する財団法人日本顕彰会が発足した。その後、社会貢献支援財団と改称（二〇〇一年）し、二〇一〇（平成二二）年に公益財団法人となった。二二億円の基本財産を資本にそれを運用し、併せて公益財団法人日本財団のファンドをもとに、社会貢献活動実績のある個人や団体の顕彰を行っている。実質的に、日本財団の顕彰部門と位置づけて差し支えない。

社会貢献支援財団の公式ホームページには、組織の目的や取り組みについて、以下のように記されている。

わたくしたちの目的は、社会に貢献されている方々の功労に報い、その活動を支援して、社会貢献活動の普及と社会の進展とに寄与することです。

主要な事業として、設立以来わたくしたちは、功績が広く知られていない社会貢献者の方たちの表彰と支援を行っております。その分野は緊急時の人命救助、社会福祉の増進や青少年の育成などへの多年にわたる功労、国際協力、海の環境保護と安全保持、こどもの読書推進など多岐にわたり、すでに一二，一九〇人以上の方たちが表彰されています。

一九七一（昭和四六）年から一九九八（平成一〇）年までは、①人命救助等、②国際社会への貢献、③青少年育成・スポーツの振興、④社会福祉への貢献、⑤文化の振興、⑥地域社会への貢献、⑦運輸交通への貢献、⑧その他の八分野を設け、分野ごとに相当数（多い年で六七七件、少ない年で一〇四件）の受賞者（団体）を選出している。「社会福祉への貢献」分野での授賞は、合計二三八五件（団体）に上る。

一九九九（平成一一）年以降二〇〇六（平成一八）年にかけては、第一部門「緊急時の功績」、第二部門「多年にわたる功労」、第三部門「特定分野の功績（海の貢献賞・国際協力賞・ハッピーファミリー賞・二一世紀若者）」と「こども読書推進賞」を設け、毎回二〇～三〇程度の個人または団体が表彰された。

二〇〇七（平成一九）年には、再度表彰部門が見直され、①人命救助の功績、②社会貢献の

表附-2　社会貢献者表彰受賞者一覧（2013～2015年度）

年度	個人または団体	取り組みの内容
2013	札幌遠友塾自主夜間中学	自主夜間中学校の運営
	公益社団法人家庭養護促進協会	里親を求める愛の手運動の実施
	中田ケンコ	ブラジル人学校の運営
	特定非営利活動法人フリースペースふきのとう	不登校やひきこもりの子どもの支援
	小林普子	外国人の子どもに対する学習支援
	安田光一	少年院退院者などを雇用する企業経営者
	特定非営利活動法人東京シューレ	フリースクールの運営
	秋田稔	児童養護施設での散髪奉仕活動
2014	特定非営利活動法人NPOスチューデント・サポート・フェイス	不登校やひきこもりの子ども、非行少年らに対する訪問支援活動
	医療法人聖粒会慈恵病院	特別養子縁組の推進
2015	特定非営利活動法人With優	フリースクールや就労支援を兼ねた会員制居酒屋の運営
	更生保護法人両全会	更生保護施設を運営
	社会福祉法人福田会	児童養護施設などの運営
	中本忠子	非行少年の立ち直り支援
	社会福祉法人カリヨン子どもセンター	子どもシェルター、自立援助ホームの運営
	やすづか学園菱里地域支援委員会	フリースクールの運営

出典）公益財団法人社会貢献支援財団公式ホームページをもとに筆者作成。

功績、③特定分野の功績（海の貢献賞）、④こども読書推進賞（二〇〇七年まで）となった。

ここ三年の間に受賞した社会的養護関連（社会的養護につながる教育事業を含む）の団体を挙げると、表附-2の通りである。二〇一五（平成二七）年度は六名（団体）が、二〇一四（平成二六）年度は二団体が受賞している。二〇一三（平成二五）年度においては、八件の個人または団体が顕彰された。

第5節 日本財団の特質

日本財団（日本船舶振興会）の会長を務めた笹川良一と曽野綾子、さらには現会長の笹川陽平の発言を通して日本財団の特質を明らかにしたい。

1 笹川良一

笹川良一は、一九三一（昭和六）年に、国粋大衆党という右翼団体を結成し、自身が総裁となる。後にこれは国粋同盟に改名（一九四二年）したものの、一九四五（昭和二〇）年の終戦を契機に解散にいたった。同年一二月、彼はA級戦犯容疑者として巣鴨拘置所（東京）に投獄されたが、不起訴により三年後に釈放となる。釈放後は戦犯釈放運動を行う。一九五五（昭和三〇）年、社団法人全国モーターボート競走会連合会会長に就任し、一九九四（平成六）年までその職位にあった。各種社会奉仕団体への資金援助を目的とした財団法人日本船舶振興会（日本財団の前身）を創設したのは一九六二（昭和三七）年で、初代会長を務めた。

「国家守衛の権力は、憲法以前の基本的権利であり、全世界が軍備を撤廃しない限り独立国家である以上、自衛力を保持するのは当然すぎるほど当然」であるとした上で、「自衛隊の存在が、いつまでたっても憲法上の争点となっていては国防の完遂は期し得られない」と良一はいい、「自主的憲法の改正を断行し、自衛力保持を明記」すべきだと主張する。(4)

教育に関しては、「国歌、国旗を尊重させ、その上に地理、歴史、修身教育を復活させ、加えて人間にとって一番大切な魂の糧である礼と節、義理と人情と親孝行の教育を周知徹底させる」必要性を良一は説く。そして、日本の教育を混乱させている要因は日教組にあると断言する。(5)

2 曽野綾子

笹川良一亡き後に会長に就任したのが、作家の曽野綾子である。一九九五（平成七）年から二〇〇五（平成一七）年までの一〇年間役職を務めた。二〇〇三（平成一五）年には、文化功労者表彰を受けている。中曽根政権時に設置された臨時教育審議会の委員も務めた。また、安倍政権下の「教育再生実行会議」の有識者でもあった。

曽野は、「平和主義者は、日本に多く生息する珍獣のようなものだ(6)」といい、「戦争はもっと強力な破壊的な力だった。私のローティーンは、アメリカの艦載機や爆撃による空襲、戦争の結果としての貧困が、その主な記憶である。音楽や映画に夢中になるとか、きれいな服を買ったりファッションを夢見るなどという生活は、考えたこともなかった。しかし私たちはその中で充分、人間として鍛えられていた。戦争はどこから見ても忌避すべきものだが、全く意味がなかったわけではない(7)」とふり返る。

そして、日本人のあり方を憂い、その原因を「日本人がなぜ思いやりや感謝の気持ちを忘れて権利ばかりを主張するようになったか。多分、日教組教育の影響が大きいんでしょうね(8)」と語気を荒げる。

3 笹川陽平

現在七七歳の笹川陽平は、父親の良一が興したモーターボートレース事業を継承し、日本財団の第三代会長となった人物である。

陽一は、自身について、「私は江戸時代初期の陽明学者、中江藤樹の言葉『父母の恩徳は天よりもたかく、海よりもふかし』に親孝行の大切さを知り、父の死後、父が受けた差別と戦うことを自らの使命としてきました」[10]とふり返っている[9]。

とくに、「日本人は、良き日本をもう一度理解することが必要」[11]という立場から、「すべての軍国主義に結び付け戦前を一律に否定した結果、『和』や『秩序』を尊び『公』に尽くす民族精神や徳を求めて穏やかに生きる日本人の特性、さらには祖国に対する誇りが希薄」[12]になっていると指摘する。そして、「戦後、『愛国』という言葉に拒否反応を示す向きが少なからずあります。誤った戦争が残した負の遺産とも言えるでしょう。国を愛することは、本来、誰もが持つ自然の感情です。皆が『愛国』という言葉をごく自然に使い、祖国を愛し、誇りを持つ社会こそ正常な国家の姿」[13]ではないかという。

さらに国際情勢にふれ、「安部首相を『右寄り』と危険視する一部欧米のメディアの論調や、米国で相次ぐ慰安婦像の建立、州教科書における『日本海』と『東海』の併記など一連の動きは、国際的な情報戦での日本の敗北を意味している[14]」と独自の論を展開する。

安倍首相は、笹川平和財団米国が主催した安全保障フォーラム（二〇一五年四月二九日）において、「私の長年の友人で、敬愛する笹川陽平会長が、ブレア提督という素晴らしい方を米国笹川平和財団の代表に迎えられ、ＳＰＦＵＳＡ（笹川平和財団米国）が目覚ましい活動をなさっていることに対しまして、敬意を表します」と称えている。

曽野綾子や笹川陽一の発言をふまえると、日本財団の通底奏音が「笹川良一イズム」にあることがわかる。財団と現政権との距離は極めて近い。

このファンドの「支援を受けることで日本財団＝ライトに対する違和感が消失し、安倍政権と事実上一体である『日本会議』などの極右思想への馴致につながる[15]」可能性は否定できない。

まとめ

金子勝（慶應義塾大学経済学部教授）は、いまの社会は「一億総〝不〟活躍社会」だとした上で、「三三八〇万人が六五歳以上の高齢者、非正規雇用の人が一九六〇万人、失業者が二三〇万人、生活保護が二一六万人、障害者が七八〇万人、これらを単純合計すると、一部重複はあるものの六〇〇〇万人超」になり、日本の人口の半分に達すると指摘する。それらの人がきちんと生活できない状況にあるのに、なぜ「一億総活躍社会」といえるのかと金子はいう。さらに続けて「こういう人たちをどうやって生き生きと社会参加させていくか」が重要であるにもかかわらず、「今度の概算要求で財政制度審議会は、このまま高齢化が進んでいくと六七〇〇億円自然増がある。これを五〇〇〇億円に抑えろといっている。これだけ高齢者がいるのに、自然増を抑えてどうして一億が活躍できるのか?」と主張する(文化放送「大竹まことのゴールデンラジオ」二〇一五年一一月二〇日放送)。

結果、一億総活躍社会から〝こぼれ落ちた人たち〟の救済をNPOなどの「民」が引き受けることになる。すでに述べたように、その主たる資金源は日本財団である。しかし、この組織のファンドを手にすることの是非について、受け取る側の検証がじゅうぶんとは思えない。

エコノミストの浜矩子は、いまの社会状況を「欠陥ホットプレート」に例える。電源を入れた時、たちまち加熱される部分といつまでも加熱されない部分があり、「ホットプレートのコールドスポットに放り込まれた人々が非人間的な状況の甘受を強いられている。彼らこそ、救済を必要としている弱者、救済される権利のある弱者たちだ」(16)と述べる。彼らに対して、救済の手が差し伸べられているかというと、「彼は自分の名前を含んだ造語を方々に連呼して、『これでどうだ!』と勇んでいる」(武田砂鉄[17])に過ぎないのである。いうまでもなく、彼とは安倍首相のことであり、造語とはアベノミクスをさす。自助努力を前提とする日本型福祉社会論のもとで、公助からはじかれた「コールドスポットに放り込まれた人々」の救済を、安倍政権のシンパである日本財団の資金で行うことは本末転倒ではないか。なぜなら、原因のおおもとは現政権にあるからだ。

安倍首相がいう「一億総活躍社会」は、その字面だけを見ると戦前の「一億火の玉」を想起させるが、その実現を真剣に考えるならば、「外においてはあらゆる国との平和維持に努力し、内にあっては国民福祉の向上に最善を尽くすことを政治の目標」(第七〇回国会「田中角栄所信表明演説」一九七二年一〇月二八日)としなければならないだろう。二〇一四(平成二六)年六月一七日付産経ニュースは、「どうにかこうにか高い支持率を保ち、外交・安全保障、経済などで、こうと信じる政策を推し進める安倍晋三首相(五九)の政権運営をながめていると、戦後、自民党政治を特徴付けるキーワードとしてよく用いられた『保守本流』という概念が色あせてくる。これまで、『本流』とされたあらかたが「傍流」に追いやられ、『傍流』が『本流』となっている」と報じているが、その通りである。少なくともまんべんなく熱の行き渡るホットプレートをめざしてきた「保守本流」政治でない限り、「一億総活躍社会」にはいたらない。

「若し政治と云ふものが国民生活の安定、大衆の幸福増進と云ふ事を意味するものならば、現在の政治は決して良い政治と云ふ事は出来ないのであります。一度び目を世相に転じる時は、年と共に貧富の差が甚しくなつて行くために、立派な頭脳と健康な体力を持ちながら、働くにも職のない多数の失業者が居ります。働いても働いても生活の安定を得ざる労働者が充満して居ります[18]」

これは、安倍首相の父方の祖父で、一九四二（昭和一七）年の翼賛選挙において反戦を訴えた安倍寛が、一九三七（昭和一二）年の衆議院議員選挙出馬時に書いた公約＝マニフェストである。こんにちの「ホットプレートのコールドスポットに放り込まれた人々が非人間的な状況の甘受を強いられている」状況を安倍寛が見たならば、どのように思うだろう。

安倍首相は、音楽プロデューサーのつんく♂と対談した折、「つんく♂さんが作詞・作曲したモーニング娘。のヒット曲『ＬＯＶＥマシーン』の歌詞に『日本の未来は世界がうらやむ』とありますね。あの歌詞は今私たちが進めている政策と合致するんですよ。まさに日本が世界の真ん中で輝く国になっていく」（産経新聞朝刊二〇一七年一月一日付）と意気揚々に語っている。そう考えるのであれば、欠陥ホットプレートの修理が先決であろう。

なお、本文中に記載した各公式ホームページの閲覧日は、すべて二〇一七（平成二九）年一月三日である。

【注】

（1）厚生労働省に設置された児童養護施設等の社会的養護の課題に関する検討委員会と社会保障審議会児童部会社会的養護専門委員会が取りまとめた「社会的養護の課題と将来像」（二〇一一年）は、施設養護に重点が置かれてきたこれまでの社会的養護のあり方を、家庭養護にシフトする将来像を示した。具体的には、今後一〇数年かけて家庭養護（里親・小規模住居型児童養育事業）・グループホーム・本体施設（児童養護施設はすべて小規模ケア）の割合を概ね三分の一ずつにするというものである。

（2）この運動には、マルチ商法企業からの寄付金が相当額投入されている。マルチ商法は違法ではないものの、「不要不急の商品を儲かるからと言って、商売にうとい家庭婦人や二〇代の若者、さらには老人まで抱え込ませるというものであるなら、それは商法でも商売でもない。社会的強者が弱者を引っ張り込む金儲けの遊戯であって、それはもはや犯罪である」（坂井清昭『マルチ商法問題の法律と実際』ダイヤモンド社、一九九五年、iiページ）といえるのではないか。そのような出所のカネを活用する是非について慎重に考えたい。

(3) 渡井さゆり「自立観と主体的に『生きよう』と思う気持ち」（武藤素明編著『施設・里親から巣立った子どもたちの自立』福村出版、二〇一二年、二四七ページ）

(4) 伊藤隆『評伝笹川良一』中央公論新社、二〇一一年、三一一ページ。

(5) 同右三一三ページ。

(6) 曽野綾子『私の危険な本音』青志社、二〇一六年、六六ページ。

(7) 同右三一ページ。

(8) 同右一六三ページ。

(9) 具体的には、「父は生前、マスコミや知識人から、右翼のドン、政財界の黒幕、ギャンブルの胴元など、いわれなき差別、否定的評価」（笹川陽平『愛する祖国へ』産経新聞出版、二〇一六年、二八四ページ）をさしていると思われる。

(10) 笹川陽平『愛する祖国へ』産経新聞出版、二〇一六年、二八五ページ。

(11) 同右二ページ。

(12) 同右二ページ。

(13) 同右五ページ。

(14) 同右七八ページ。

(15) 吉田明弘「子どもの貧困対策と日本財団」（「週刊金曜日」二〇一六年九月二三日号、六三ページ）。

(16) 浜矩子『みんなで行こうアホノミクスの向こう側―平和の経済学を目指して―』かもがわ出版、二〇一六年、七六ページ。
(17) 武田砂鉄「『そんな気がする』から起動する」(「ユリイカ臨時増刊号/総特集みうらじゅん―SINCE一九五八」第四八巻第一九号、青土社、二〇一六年、九三ページ)。
(18) 青木理『安倍三代』朝日新聞出版、二〇一七年、四七ページ。

おわりに

一九九〇年代後半以降、社会福祉政策において「自立」の概念が登場する。「自立」を前提に、その助長をはかることが社会福祉の理念とされた。それは、社会保障構造改革の先駆であった介護保険制度の創設にはじまるという論を、筆者はかつて主張した。

具体的には、拙稿「介護保険は社会福祉理念を覆す」(月刊「論座」四二号、朝日新聞社、一九九八年)や「社会福祉理念の変更と介護保険制度」(「川崎医療福祉学会誌」Vol.八、No.二、川崎医療福祉学会、一九九八年)をご覧いただきたい。

自立の反対語は、「依存」である。こんにち依存を否定的にとらえる風潮が強まっているが、自立のためにはもしもの場合の依存先が不可欠だ。しかし、一九九〇年代後半以降、社会福祉基礎構造改革という看板のもとで日本型福祉社会論が強化され、依存先の公助が縮小した。

明治維新以降の家族形態は核家族であり、家族の成員だけで生活水準を維持していくのは、そもそも困難だ。したがって、公助の拡充によって、自立を可能にするための依存先を用意しなければならないはずだが、それはじゅうぶんに装置されているとはいい難い。

「アベノミクス開始以降、まるで誰かが上から引っ張りあげたかのように、不自然に物価が上がっているのがわかるだろう。特に二〇一四年度は過去二二年度で最大の上昇幅だ。そして、名目賃金の伸びはそれに全然追いついていない。だから、実質賃金が堕落した」（明石順平『アベノミクスによろしく』集英社インターナショナル、二〇一七年）との指摘からもわかるように、名目賃金は上がっているものの、実質賃金は下落し、生活苦がひろがっている。

このような状況下で、依存先を失った国民が増加していくことは、社会の安定を失うことにつながるのではないか。

話は変わるが、東海テレビ放送が制作したドキュメンタリー映画「ヤクザと憲法」（二〇一五年）を観た。憲法違反の疑いがある暴力団対策法改正（二〇一二年）や都道府県による暴力団排除条例により、追い詰められる暴力団の生活を描いた作品である。彼らは、憲法に保障された様々な権利を剝奪されている。

「銀行口座がつくれず子どもの給食費が引き落とせないと悩むヤクザ。金を手持ちすると親がヤクザだとバレるのだ。自動車保険の交渉がこじれたら詐欺や恐喝で逮捕される。しかし、弁護士はほとんどが『ヤクザお断り』……。」（「ヤクザと憲法」劇場用パンフレット）

映画のラストシーンで、苦境に立たされる暴力団組長に、ヤクザをやめてはどうかと映画制作者が問いかける。それに対して、「どこで受け入れてくれるのか?」と組長は答える。

むろん筆者は「暴力」を肯定しないが、「ヤクザを人間扱いしない社会」には否定的だ。

暴力団排除の論理は、異質なものや厄介なものを排除していくことにつながる。それは危険な社会である。

すべての人の基本的人権が尊重され、ソーシャル・インクルージョン(社会的包摂)に基づいた社会づくりが求められる。

第1章~第6章は書き下ろしであり、附章は皇學館大学教育学部研究報告集第九号(二〇一七年三月)に発表したものを加筆修正した。

最後になったが、編集部・御堂真志氏の編集の労にお礼申し上げる。

【著者略歴】

吉田明弘（よしだ・あきひろ）

大阪府立大学大学院社会福祉学研究科（博士後期課程）退学

現在、皇學館大学教育学部教育学科准教授

主な著書

『社会福祉の理論（改訂版）』（共著、八千代出版、2001 年）

『保育所実習』（共著、北大路書房、2004 年）

『保育を学ぶ人のために』（共著、世界思想社、2006 年）

『児童福祉論―児童の平和的生存権を起点として―(第 3 版)』（編著、八千代出版、2016 年）

『保育士のための社会的養護（第 2 版)』（編著、八千代出版、2018 年）

社会福祉の見方・考え方

二〇一八年四月一三日第一版一刷発行

著　者―吉田明弘

発行者―森口恵美子

発行所―八千代出版株式会社

〒一〇一-〇〇六一　東京都千代田区神田三崎町二-二-一三

ＴＥＬ　〇三-三二六二-〇四二〇

ＦＡＸ　〇三-三二三七-〇七二三

振　替　〇〇一九〇-四-一六八〇六〇

印刷所―新灯印刷株式会社

製本所―渡邉製本

＊定価はカバーに表示してあります。

＊落丁・乱丁本はお取替えいたします。

ISBN978-4-8429-1725-2